DIE GUTE NACHRICHT NACH MARKUS

Die Gute Nachricht nach Markus

in heutigem Deutsch

herausgegeben von den Bibelgesellschaften und
Bibelwerken im deutschsprachigen Raum

Deutsche Bibelstiftung Stuttgart

Die Herausgeber
Evangelisches Bibelwerk in der BRD
Katholisches Bibelwerk Stuttgart
Österreichische Bibelgesellschaft
Österreichisches Katholisches Bibelwerk
Schweizerische Bibelgesellschaft
Schweizerisches Katholisches Bibelwerk
Bibelwerk in der DDR
Biblisch-pastorale Arbeitsstelle der Katholischen
  Kirche in der DDR

ISBN 3 438 03132 9

© 1979 Deutsche Bibelstiftung Stuttgart
Printed in Germany
Alle Rechte vorbehalten

Der hier abgedruckte Text ist Teil einer Übersetzung des Neuen Testaments in modernes, einfaches Deutsch, die von einer Gruppe evangelischer und katholischer Theologen im Auftrag der Bibelgesellschaften und Bibelwerke im deutschsprachigen Raum erarbeitet worden ist: «Die Gute Nachricht – Das Neue Testament in heutigem Deutsch». Die Schreibung der Namen folgt im Interesse der ökumenischen Verständigung den Loccumer Richtlinien für die einheitliche Schreibung biblischer Eigennamen. Wörter, die einen Stern * tragen, sind im Anhang erklärt. Sätze, die in eckigen Klammern [ ] stehen, fehlen in den zuverlässigsten Handschriften des Neuen Testaments.

DIE GUTE NACHRICHT NACH MARKUS

Der Täufer Johannes

1 Dies ist die Gute Nachricht von Jesus Christus, dem Sohn* Gottes. ²Es begann, wie der Prophet Jesaja vorausgesagt hatte:

«‹Hier ist mein Bote›, sagt Gott.
‹Ich sende ihn vor dir her,
damit er den Weg für dich freimacht.›
³In der Wüste ruft einer:
‹Macht den Weg bereit, auf dem der Herr kommt!
Baut ihm eine gute Straße!›»

⁴Dies ging in Erfüllung, als der Täufer Johannes in der Wüste auftrat. Er sagte zu den Menschen: «Ändert euch und laßt euch taufen, dann wird Gott euch eure Schuld vergeben!» ⁵Alle Leute aus dem Gebiet von Judäa und die ganze Einwohnerschaft von Jerusalem kamen zu ihm, gaben offen ihre Verfehlungen zu und ließen sich von ihm im Jordan taufen.

⁶Johannes trug ein Gewand aus Kamelhaaren mit einem Ledergürtel. Seine Nahrung bestand aus Heuschrecken und Honig von wilden Bienen. ⁷Er kündigte an: «Nach mir kommt einer, der viel mächtiger ist als ich. Ich bin nicht einmal gut genug, mich zu bücken und ihm die Schuhe aufzubinden. ⁸Ich habe euch mit Wasser getauft, aber er wird euch mit heiligem Geist* taufen.»

Jesus wird getauft und auf die Probe gestellt

⁹ Um diese Zeit kam Jesus aus Nazaret in Galiläa und ließ sich von Johannes im Jordan taufen. ¹⁰Als Jesus aus dem Wasser stieg, sah er, wie der Himmel sich öffnete und Gottes Geist* wie eine Taube auf ihn herabkam, ¹¹und er hörte eine Stimme vom Himmel her sagen: «Du bist mein Sohn*, über den ich mich von Herzen freue. Dich habe ich erwählt.»

¹²Gleich danach trieb der Geist Gottes ihn in die Wüste. ¹³Dort blieb er vierzig Tage, und der Satan stellte ihn hart auf die Probe. Er lebte mit den wilden Tieren zusammen, und die Engel Gottes dienten ihm.

Jesus beruft vier Fischer zu Jüngern

¹⁴Als man Johannes gefangengesetzt hatte, ging Jesus nach Galiläa und verkündete im Auftrag Gottes: ¹⁵«Jetzt erfüllt Gott, was er versprochen hat: er will seine Herrschaft* aufrichten und sein Werk vollenden. Ändert euch und glaubt diese Gute Nachricht!»

¹⁶Als Jesus am See Gennesaret entlangwanderte, sah er zwei Fischer, die gerade ihr Netz auswarfen, Simon und seinen Bruder Andreas. ¹⁷Jesus sagte zu ihnen: «Kommt mit mir! Ich mache euch zu Menschenfischern.» ¹⁸Sofort ließen sie ihre Netze liegen und gingen mit ihm.

¹⁹Als Jesus weiterzog, sah er zwei andere Brüder, Jakobus und Johannes, die Söhne des Zebedäus. Sie waren gerade im Boot und setzten die Netze instand. ²⁰Jesus rief sie zu sich, und sie ließen ihren Vater Ze-

bedäus mit seinen Gehilfen im Boot zurück und gingen mit ihm.

Jesus zeigt seine Macht

²¹Als sie nach Kafarnaum kamen, ging Jesus gleich am nächsten Sabbat* in die Synagoge* und sprach zu den Versammelten. ²²Sie waren von seinen Worten tief beeindruckt; denn er redete wie einer, der Autorität hat, ganz anders als die Gesetzeslehrer*.

²³In der Synagoge war ein Mann, der von einem bösen Geist* besessen war. Er schrie laut: ²⁴«Was hast du mit uns vor, Jesus von Nazaret? Willst du uns zugrunde richten? Ich kenne dich genau, du bist der, den Gott gesandt hat!» ²⁵Jesus befahl dem bösen Geist: «Sei still und verlaß den Mann!» ²⁶Da schüttelte der Geist den Mann und verließ ihn mit einem lauten Schrei.

²⁷Alle, die das sahen, erschraken und fragten einander: «Was hat das zu bedeuten? Er hat eine ganz neue Art zu lehren! Was er sagt, überzeugt! Er befiehlt sogar den bösen Geistern, und sie gehorchen ihm.» ²⁸Wie ein Lauffeuer verbreitete sich die Kunde von Jesus ringsum in Galiläa.

Jesus heilt viele Menschen

²⁹Danach verließen sie die Synagoge* und gingen in das Haus des Simon und Andreas. Auch Jakobus und Johannes kamen mit. ³⁰Im Haus erfuhr Jesus, daß die Schwiegermutter Simons mit Fieber im Bett lag. ³¹Er ging zu ihr, nahm ihre Hand und richtete sie auf. Das

Fieber verschwand, und sie konnte für ihre Gäste sorgen.

³²Am Abend, nach Sonnenuntergang, brachte man viele Kranke und Besessene* zu Jesus. ³³Die ganze Stadt hatte sich vor dem Haus versammelt. ³⁴Jesus heilte viele Menschen von den verschiedensten Krankheiten und trieb viele böse Geister aus. Er ließ die bösen Geister nicht zu Wort kommen; denn sie wußten, wer er war.

Jesus zieht durch Galiläa

³⁵Am nächsten Morgen verließ Jesus lange vor Sonnenaufgang das Haus und ging aus der Stadt hinaus an eine einsame Stelle. Dort betete er. ³⁶Simon und die anderen Jünger gingen ihm nach ³⁷und fanden ihn. «Alle wollen dich sehen», sagten sie. ³⁸Jesus antwortete: «Wir müssen in die umliegenden Dörfer gehen, damit ich auch dort die Gute Nachricht verkünde. Denn dazu bin ich gekommen.» ³⁹So zog Jesus durch ganz Galiläa. Er sprach in den Synagogen* und trieb die bösen Geister* aus.

Jesus heilt einen Aussätzigen

⁴⁰Einmal kam ein Aussätziger* zu Jesus, kniete vor ihm nieder und bat ihn um Hilfe. «Wenn du willst», sagte er, «kannst du mich gesund machen!» ⁴¹Jesus hatte Mitleid mit ihm, streckte die Hand aus und berührte ihn. «Ich will», sagte er, «sei gesund!» ⁴²Im selben Augenblick war der Mann von seinem Aussatz geheilt. ⁴³Jesus schickte ihn weg und befahl ihm

streng: ⁴⁴«Sag keinem ein Wort davon, sondern geh zum Priester und laß dich von ihm untersuchen. Dann bring das Opfer für deine Heilung, wie Mose es vorgeschrieben hat, damit jeder sehen kann, daß du gesund bist.»

⁴⁵Aber der Mann fing trotz des Verbots an, überall von seiner Heilung zu erzählen. Bald konnte Jesus keine Ortschaft mehr unerkannt betreten. Daher blieb er draußen in einsamen Gegenden; die Leute aber kamen von überall her zu ihm.

Jesus heilt einen Gelähmten

2 Nach ein paar Tagen kam Jesus nach Kafarnaum zurück, und bald wußte jeder, daß er wieder zu Hause war. ²Die Menschen strömten so zahlreich zusammen, daß bald kein Platz mehr blieb, nicht einmal draußen vor der Tür. Jesus verkündete ihnen seine Botschaft.

³Da brachten vier Männer einen Gelähmten herbei, ⁴kamen aber wegen der Menschenmenge nicht bis zu Jesus durch. Darum deckten sie das Dach ab, genau über der Stelle, wo Jesus war. Dann ließen sie den Gelähmten auf seiner Matte durch das Loch hinunter. ⁵Als Jesus sah, wieviel Vertrauen sie zu ihm hatten, sagte er zu dem Gelähmten: «Deine Schuld ist dir vergeben!»

⁶Das hörten einige Gesetzeslehrer*, die auch dort waren, und sie dachten: ⁷«Wie kann er es wagen, so zu reden? Das ist doch eine Gotteslästerung! Niemand außer Gott kann uns unsere Schuld vergeben.»

⁸Jesus wußte sofort, was sie dachten, und fragte sie: «Was macht ihr euch da für Gedanken? ⁹Was ist leichter – diesem Gelähmten zu sagen: ‹Deine Schuld ist dir vergeben›, oder: ‹Steh auf, nimm deine Matte und geh›? ¹⁰Aber ihr sollt sehen, daß der Menschensohn* auf der Erde das Recht hat, Schuld zu vergeben.» Und er sagte zu dem Gelähmten: ¹¹«Ich befehle dir: Steh auf, nimm deine Matte und geh nach Hause!» ¹²Der Mann stand sogleich auf, nahm seine Matte und ging weg. Alle, die es sahen, waren ganz außer sich, lobten Gott und sagten: «So etwas haben wir noch nie erlebt!»

Jesus beruft Levi

¹³Dann ging Jesus wieder an den See Gennesaret. Alle kamen zu ihm, und er sprach zu ihnen. ¹⁴Als er weiterging, sah er einen Zolleinnehmer* in seinem Zollhaus sitzen. Es war Levi, der Sohn des Alfäus. Jesus sagte zu ihm: «Komm mit mir!» Und Levi stand auf und folgte ihm.

¹⁵Später war Jesus bei Levi zu Gast. Viele Zolleinnehmer und andere, die einen ebenso schlechten Ruf hatten, nahmen mit Jesus und seinen Jüngern an der Mahlzeit teil. Sie alle hatten sich Jesus angeschlossen. ¹⁶Ein paar Gesetzeslehrer* von der Partei der Pharisäer* sahen, wie Jesus mit diesen Leuten zusammen aß. Sie fragten seine Jünger: «Wie kann er sich mit Zolleinnehmern und ähnlichem Gesindel an einen Tisch setzen?» ¹⁷Jesus hörte es, und er antwortete ihnen: «Nicht die Gesunden brauchen den Arzt, son-

dern die Kranken. Ich soll nicht die in Gottes neue Welt einladen, bei denen alles in Ordnung ist, sondern die ausgestoßenen Sünder.»

Über das Fasten

¹⁸Als die Jünger des Johannes und die Pharisäer* einmal fasteten*, kamen ein paar Leute zu Jesus und fragten ihn: «Wie kommt es, daß die Anhänger des Johannes und der Pharisäer regelmäßig fasten, aber deine Jünger überhaupt nicht?» ¹⁹Jesus antwortete: «Könnt ihr euch vorstellen, daß die Gäste bei einer Hochzeit das Essen stehen lassen? Bestimmt nicht, solange der Bräutigam da ist! ²⁰Früh genug kommt der Tag, an dem der Bräutigam von ihnen fort muß; dann werden sie fasten.

²¹Niemand flickt ein altes Kleid mit einem neuen Stück Stoff. Sonst reißt das neue Stück das alte Kleid nur noch weiter auf, und das Loch wird größer. ²²Es füllt auch niemand neuen Wein, der noch gärt, in alte Schläuche; sonst werden die Schläuche platzen, und auch der Wein geht verloren. Nein, neuer Wein gehört in neue Schläuche!»

Über den Sabbat

²³An einem Sabbat* ging Jesus durch die Felder. Seine Jünger rissen unterwegs Ähren ab und aßen die Körner. ²⁴Die Pharisäer* sahen es und sagten zu Jesus: «Da sieh dir an, was sie tun! Das ist nach dem Gesetz* Gottes am Sabbat verboten.» ²⁵Jesus antwortete ihnen: «Habt ihr noch nie gelesen, was David tat, als er

und seine Männer hungrig waren und etwas zu essen brauchten? ²⁶Er ging in das Haus Gottes und aß vom Opferbrot. Das war zu der Zeit, als Abjatar Oberster Priester* war. Nach dem Gesetz dürfen doch nur die Priester dieses Brot essen – und trotzdem aß David davon und gab es auch seinen Begleitern!»

²⁷Jesus fügte hinzu: «Der Sabbat ist für den Menschen da, nicht der Mensch für den Sabbat. ²⁸Also hat auch der Menschensohn* das Recht, zu bestimmen, was am Sabbat geschehen darf.»

Jesus heilt am Sabbat

3 Wieder einmal ging Jesus in eine Synagoge*. Dort war auch ein Mann mit einer verkrüppelten Hand. ²Einige der Anwesenden hätten Jesus gerne angezeigt; darum beobachteten sie genau, ob er es wagen würde, den Mann am Sabbat* zu heilen. ³Jesus sagte zu ihm: «Steh auf und komm her!» ⁴Dann fragte er die anderen: «Was darf man nach dem Gesetz* Gottes am Sabbat tun? Gutes oder Böses? Darf man einem Menschen das Leben retten oder muß man ihn umkommen lassen?» Er bekam keine Antwort. ⁵Voll Zorn sah er sie der Reihe nach an. Zugleich war er traurig, weil sie so engstirnig und hartherzig waren. Dann sagte er zu dem Mann: «Streck deine Hand aus!» Er streckte sie aus, und sie wurde wieder gesund.

⁶Da verließen die Pharisäer* die Synagoge. Sie trafen sich sogleich mit den Parteigängern des Herodes und wurden sich einig, daß Jesus sterben müsse.

Am See Gennesaret

⁷Jesus zog sich mit seinen Jüngern an den See Gennesaret zurück. Viele Menschen aus Galiläa folgten ihnen. Auch aus Judäa ⁸und Jerusalem, aus dem Gebiet von Idumäa, von der anderen Seite des Jordans und aus der Gegend der Städte Tyrus und Sidon kamen viele zu Jesus. Sie hatten von ihm gehört und wollten ihn sehen. ⁹Um nicht von der Menge erdrückt zu werden, ließ Jesus sich von seinen Jüngern ein Boot holen. ¹⁰Weil er schon so viele geheilt hatte, drängten sich alle Kranken zu ihm, um ihn zu berühren. ¹¹Wenn Menschen, die von bösen Geistern* besessen waren, ihn sahen, fielen sie vor ihm nieder und riefen: «Du bist der Sohn* Gottes!» ¹²Aber Jesus befahl ihnen nachdrücklich, das nicht weiterzusagen.

Jesus wählt zwölf Jünger aus

¹³Dann stieg Jesus auf einen Berg und rief die zu sich, die er als Mitarbeiter ausgesucht hatte. Sie traten zu ihm. ¹⁴Es waren die zwölf, die er zu seinen Aposteln* machte. «Ihr sollt meine Begleiter sein», sagte er zu ihnen; «ich will euch aussenden, damit ihr die Gute Nachricht verkündet. ¹⁵Ihr sollt auch Macht bekommen, böse Geister* auszutreiben.»

¹⁶Die zwölf, die Jesus auswählte, waren: Simon, dem er den Namen Petrus* gab; ¹⁷Jakobus und Johannes, die Söhne des Zebedäus, die er Donnersöhne nannte; ¹⁸dazu Andreas, Philippus, Bartolomäus, Mattäus, Tomas, Jakobus, der Sohn des Alfäus, Tad-

däus, Simon, der zur Partei der Zeloten* gehört hatte, ¹⁹und Judas Iskariot, der Jesus später verriet.

Unhaltbare Verdächtigungen

²⁰Dann ging Jesus nach Hause. Wieder strömte eine so große Menge zusammen, daß er und seine Jünger nicht einmal zum Essen kamen. ²¹Als das seine Angehörigen erfuhren, machten sie sich auf den Weg, um ihn mit Gewalt wegzuholen, denn sie dachten, er sei verrückt geworden.

²²Einige Gesetzeslehrer*, die aus Jerusalem gekommen waren, sagten: «Er steht mit dem Teufel im Bund! Der oberste aller bösen Geister* gibt ihm die Macht, die Geister auszutreiben.» ²³Da rief Jesus alle zusammen und erklärte ihnen die Sache durch Bilder: «Wie kann der Satan sich selbst austreiben? ²⁴Ein Staat muß doch untergehen, wenn seine Machthaber einander befehden. ²⁵Und wenn die Glieder einer Familie miteinander im Streit liegen, wird die Familie zerfallen. ²⁶Wenn der Satan sich selbst bekämpft, muß er untergehen, und mit seiner Herrschaft ist es aus. ²⁷Wer in das Haus eines starken Mannes einbrechen und etwas stehlen will, muß doch zuerst den starken Mann fesseln; dann erst kann er das Haus ausrauben. ²⁸Ich sage euch: jede Sünde kann den Menschen vergeben werden und auch jede Beleidigung Gottes. ²⁹Wer aber den heiligen Geist* beleidigt, für den gibt es keine Vergebung, denn er ist auf ewig schuldig geworden.»

³⁰ Das sagte Jesus, weil sie behauptet hatten: «Er steht mit dem Teufel im Bund.»

Die Angehörigen Jesu

³¹ Inzwischen waren die Mutter Jesu und seine Brüder gekommen. Sie standen draußen und schickten jemand ins Haus, um Jesus herauszurufen. ³² Rings um Jesus saßen die Menschen dicht gedrängt. Man richtete ihm aus: «Deine Mutter und deine Brüder stehen draußen und wollen etwas von dir.» ³³ Jesus antwortete: «Wer ist meine Mutter? Wer sind meine Brüder?» ³⁴ Er sah auf die Leute, die um ihn herumsaßen, und sagte: «Hier sind meine Mutter und meine Brüder! ³⁵ Wer tut, was Gott will, der ist mein Bruder, meine Schwester und meine Mutter.»

Jesus spricht zum Volk in Gleichnissen

4 Wieder einmal war Jesus am See und wollte zu den Menschen sprechen. Es hatten sich aber so viele angesammelt, daß er sich in ein Boot setzen und ein Stück vom Ufer abstoßen mußte. Die Menge blieb am Ufer, ²und er erklärte ihnen seine Botschaft mit Hilfe von Gleichnissen*.

Das Gleichnis vom Sämann

Er begann zu erzählen: ³«Hört zu! Ein Bauer ging aufs Feld, um zu säen. ⁴Als er die Körner ausstreute, fielen einige auf den Weg. Die Vögel kamen und pickten sie auf. ⁵Andere fielen auf felsigen Grund, der nur mit einer dünnen Erdschicht bedeckt war. Sie gingen rasch auf; ⁶als aber die Sonne kam, vertrockneten die jungen Pflanzen, weil sie nicht genügend Erde hatten. ⁷Wieder andere fielen in Dorngestrüpp, das bald die Pflanzen überwucherte und erstickte, so daß sie keine Frucht brachten. ⁸Doch einige fielen auf guten Boden, gingen auf, wuchsen und brachten Frucht. Manche hatten Ähren mit dreißig, andere mit sechzig, wieder andere mit hundert Körnern.» ⁹Und Jesus sagte: «Wer hören kann, soll gut zuhören.»

Warum Jesus Gleichnisse gebraucht

¹⁰Als Jesus mit den zwölf Jüngern und seinen übrigen Begleitern wieder allein war, wollten sie wissen, warum er Gleichnisse* gebrauchte. ¹¹Jesus sagte: «Euch läßt Gott seine Absichten mit der Welt erkennen, aber die Außenstehenden erfahren davon nur in Gleichnissen. ¹²Es heißt ja:
‹Sie können sehen, soviel sie wollen –
sie erkennen doch nichts.
Sie können hören, soviel sie wollen –
sie verstehen doch nichts.
Sonst würden sie zu Gott umkehren,
und er würde ihnen ihre Schuld vergeben.›»

Jesus erklärt das Gleichnis vom Sämann

¹³Jesus fragte sie: «Versteht ihr dieses Gleichnis* denn nicht? Wie wollt ihr dann die anderen Gleichnisse verstehen? ¹⁴Der Sämann sät die Gute Nachricht aus. ¹⁵Manchmal fallen die Worte auf den Weg. So ist es bei den Menschen, die die Botschaft zwar hören, aber

dann kommt sofort der Satan und reißt alles aus, was in sie gesät wurde. ¹⁶Bei anderen ist es wie bei dem Samen, der auf felsigen Grund fällt. Sie hören die Gute Nachricht und nehmen sie sogleich mit Freuden an; ¹⁷aber sie kann in ihnen keine Wurzeln schlagen, weil sie unbeständig sind. Wenn sie ihretwegen in Schwierigkeiten geraten oder verfolgt werden, geben sie sofort auf. ¹⁸Bei anderen ist es wie bei dem Samen, der in das Dorngestrüpp fällt. Sie hören zwar die Gute Nachricht, ¹⁹aber sie schleppen sich ab mit ihren Alltagssorgen, denken immer ans Geld und leben nur für ihre Wünsche. Dadurch wird die Botschaft erstickt und bleibt wirkungslos. ²⁰Bei anderen schließlich ist es wie bei dem Samen, der auf guten Boden fällt. Sie hören die Gute Nachricht, nehmen sie an und bringen Frucht, manche dreißigfach, andere sechzigfach, wieder andere hundertfach.»

Vom Verstehen der Guten Nachricht

²¹Jesus fuhr fort: «Nimmt man etwa eine Lampe, um sie unter eine Schüssel oder unters Bett zu stellen? Nein, man stellt sie auf einen erhöhten Platz! ²²So wird alles, was jetzt noch verborgen ist, ans Licht kommen, und was jetzt noch unverständlich ist, wird verstanden werden. ²³Wer hören kann, der soll gut zuhören!»

²⁴Er fügte hinzu: «Achtet auf das, was ich euch sage! Nach dem Maß eures Zuhörens wird Gott euch Verständnis geben, ja sogar noch mehr. ²⁵Denn wer viel hat, dem wird noch mehr gegeben werden, und

wer wenig hat, dem wird auch noch das wenige genommen werden, das er hat.»

Die Saat geht auf

²⁶Jesus sagte weiter: «Mit der neuen Welt Gottes ist es wie mit der Saat, die ein Bauer aussät. ²⁷Er geht nach Hause, legt sich jede Nacht schlafen und steht jeden Morgen wieder auf. Inzwischen geht die Saat auf und wächst, ohne daß er sich darum kümmert. ²⁸Ganz von selbst läßt der Boden die Pflanzen wachsen und Frucht bringen. Zuerst kommen die Halme, dann bilden sich die Ähren, und schließlich füllen sie sich mit Körnern. ²⁹Sobald das Korn reif ist, fängt der Bauer an zu mähen; dann ist Erntezeit.»

Das Gleichnis vom Senfkorn

³⁰«Wie geht es zu, wenn Gott sein Werk vollendet?» fragte Jesus. «Womit kann man das vergleichen? ³¹Es ist wie bei einem Senfkorn. Es gibt keinen kleineren Samen; aber wenn man ihn in die Erde sät, ³²beginnt er zu wachsen und wird größer als alle anderen Gartenpflanzen und bekommt starke Zweige, in deren Schatten die Vögel nisten können.»

³³Jesus erzählte den Menschen noch viele ähnliche Gleichnisse*, damit sie ihn besser verstehen konnten. ³⁴Nie sprach er zu ihnen, ohne Gleichnisse zu gebrauchen. Aber wenn er mit seinen Jüngern allein war, erklärte er ihnen alles.

Jesus im Sturm

³⁵Am Abend desselben Tages sagte Jesus zu seinen Jüngern: «Kommt, wir fahren zum anderen Ufer hinüber!» ³⁶Sie schickten die Menschenmenge weg, stiegen zu Jesus ins Boot und fuhren ab. Auch andere Boote fuhren mit. ³⁷Da kam ein schwerer Sturm auf, so daß die Wellen über Bord schlugen und das Boot vollief. ³⁸Aber Jesus schlief im Heck des Bootes auf einem Kissen. Die Jünger weckten ihn und riefen: «Herr, merkst du nicht, daß wir untergehen!» ³⁹Da stand Jesus auf, bedrohte den Wind und befahl dem See: «Still! Gib Ruhe!» Der Wind legte sich, und es wurde ganz still. ⁴⁰«Warum seid ihr so ängstlich?» fragte Jesus. «Habt ihr denn kein Vertrauen?» ⁴¹Aber der Schreck saß ihnen noch in den Gliedern, und sie fragten sich: «Was ist das für ein Mensch, daß ihm sogar Wind und Wellen gehorchen!»

Jesus heilt einen Besessenen

5 Auf der anderen Seite des Sees kamen sie ins Gebiet von Gerasa. ²Als Jesus aus dem Boot stieg, lief ihm ein Besessener* aus den Grabhöhlen entgegen. ³Er hauste dort; niemand konnte ihn bändigen, nicht einmal mit Ketten. ⁴Schon oft hatte man ihn an Händen und Füßen gefesselt, aber er hatte jedesmal die Ketten zerrissen. Keiner wurde mit ihm fertig. ⁵Er war Tag und Nacht in den Grabhöhlen oder auf den Bergen und schrie und schlug mit Steinen auf sich ein.

⁶Schon von weitem sah er Jesus und lief zu ihm hin. Er fiel vor ihm nieder ⁷und schrie laut: «Jesus, du Sohn* des höchsten Gottes, was willst du von mir? Um Gottes willen, quäle mich doch nicht!» ⁸Denn Jesus hatte dem bösen Geist* befohlen, den Mann zu verlassen. ⁹Nun fragte er ihn: «Wie heißt du?» Der antwortete: «Legion*. Wir sind nämlich viele!» ¹⁰Und er flehte Jesus an: «Treib uns nicht aus dem Land!» ¹¹In der Nähe weidete eine große Schweineherde am Berghang. ¹²Die bösen Geister baten: «Laß uns doch in diese Schweine fahren!» ¹³Jesus erlaubte es ihnen. Da verließen sie den Mann und fuhren in die Schweine. Die ganze Herde von etwa zweitausend Tieren stürzte sich über das steile Ufer in den See und ertrank.

¹⁴Die Schweinehirten liefen davon und erzählten in der Stadt und in den Dörfern, was geschehen war. Darauf kamen die Leute zu Jesus und wollten es selbst sehen. ¹⁵Sie fanden den Mann, der von so vielen bösen Geistern besessen gewesen war: er saß da, ordentlich angezogen und bei klarem Verstand. Da bekamen sie Angst. ¹⁶Die Augenzeugen berichteten ihnen ausführlich, wie es bei der Heilung des Besessenen zugegangen war. Sie erzählten auch den Vorfall mit den Schweinen. ¹⁷Darauf drängten die Leute Jesus, ihr Gebiet zu verlassen.

¹⁸Als Jesus ins Boot stieg, bat ihn der Geheilte: «Laß mich mit dir gehen!» ¹⁹Aber Jesus erlaubte es ihm nicht, sondern befahl ihm: «Geh zurück zu deinen Angehörigen und sage ihnen, wie wunderbar

Gott dir geholfen und wieviel Erbarmen er mit dir gehabt hat.» ²⁰Der Mann gehorchte und ging. Er zog durch das Gebiet der Zehn Städte und erzählte überall, wie Jesus ihm geholfen hatte. Und alle staunten.

Die Tochter des Jaïrus

²¹Jesus fuhr wieder ans andere Seeufer zurück. Bald hatte sich eine große Menschenmenge bei ihm versammelt. ²²Da kam Jaïrus zu ihm, einer von den Vorstehern* der dortigen Synagogengemeinde. Er warf sich vor Jesus nieder ²³und bat ihn inständig: «Meine kleine Tochter ist todkrank; bitte, komm und leg ihr die Hände auf, damit sie gerettet wird und am Leben bleibt!»

²⁴Jesus ging mit ihm, und viele andere schlossen sich an. Darum gab es ein ziemliches Gedränge. ²⁵Es war auch eine Frau dabei, die seit zwölf Jahren an schweren Blutungen litt. ²⁶Sie hatte schon viele Behandlungen von den verschiedensten Ärzten über sich ergehen lassen. Ihr ganzes Vermögen hatte sie dafür geopfert, aber es hatte nichts genützt; im Gegenteil, ihr Leiden war nur schlimmer geworden. ²⁷Diese Frau hatte von Jesus gehört; sie drängte sich durch die Menge von hinten an ihn heran und berührte sein Gewand. ²⁸Denn sie sagte sich: «Wenn ich nur sein Gewand anfasse, werde ich gesund.» ²⁹Im selben Augenblick hörten die Blutungen auf, und sie spürte, daß sie ihre Plage los war. ³⁰Jesus merkte sofort, daß jemand seine Kraft in Anspruch genommen hatte. Er drehte sich zu den Leuten um und fragte: «Wer hat mich be-

rührt?» ³¹«Du siehst doch, wie sie sich um dich drängen», sagten seine Jünger, «und dann fragst du noch, wer dich berührt hat?» ³²Aber Jesus blickte umher, um zu sehen, wer es gewesen war. ³³Die Frau zitterte vor Angst; sie wußte ja, was mit ihr vorgegangen war. Darum warf sie sich vor ihm nieder und erzählte ihm alles. ³⁴«Dein Vertrauen hat dir geholfen», sagte Jesus zu ihr. «Geh in Frieden! Du bist von deinem Leiden befreit.»

³⁵Während Jesus noch sprach, kamen Boten aus dem Haus des Jaïrus und berichteten: «Deine Tochter ist gestorben. Du brauchst den Lehrer nicht weiter zu bemühen.» ³⁶Jesus hörte es und sagte zu Jaïrus: «Erschrick nicht, hab nur Vertrauen!» ³⁷Dann ging er weiter; nur Petrus, Jakobus und dessen Bruder Johannes durften mitgehen. ³⁸Als sie beim Haus des Synagogenvorstehers ankamen, sah Jesus schon die Nachbarn zusammenlaufen und hörte das Klagegeschrei. ³⁹Er ging ins Haus und sagte: «Was soll der Lärm? Warum weint ihr? Das Kind ist nicht tot – es schläft nur.» ⁴⁰Sie lachten ihn aus; aber er drängte alle bis auf die Eltern des Mädchens und die drei Jünger aus dem Haus. Dann ging er in das Zimmer, in dem das Kind lag. ⁴¹Er nahm es bei der Hand und sagte: «Talita kum!» Das heißt: Steh auf, Mädchen! ⁴²Das Mädchen stand sofort auf und ging umher. Es war zwölf Jahre alt. Alle waren vor Staunen außer sich. ⁴³Aber Jesus verbot ihnen nachdrücklich, es anderen weiterzuerzählen. Dann sagte er: «Gebt dem Kind etwas zu essen!»

Jesus in Nazaret

6 Von dort ging Jesus in seine Heimatstadt. Seine Jünger begleiteten ihn. ²Am Sabbat* sprach er in der Synagoge*, und alle, die ihn hörten, waren sehr verwundert. «Wo hat er das her?» fragten sie einander. «Von wem hat er diese Weisheit? Wie kann er solche Wunder tun? ³Er ist doch der Zimmermann, der Sohn von Maria und der Bruder von Jakobus, Joses, Judas und Simon. Und leben nicht alle seine Schwestern hier bei uns?» Darum wollten sie nichts von ihm wissen. ⁴Aber Jesus sagte zu ihnen: «Ein Prophet wird überall geachtet, nur nicht in seiner Heimat, bei seinen Verwandten und in seiner Familie.» ⁵Deshalb konnte er dort keine Wunder tun; nur einigen Kranken legte er die Hände auf und heilte sie. ⁶Er wunderte sich, daß die Leute von Nazaret ihm kein Vertrauen schenkten. Darum ging er in die umliegenden Dörfer und sprach dort zu den Menschen.

Die Aussendung der Jünger

⁷Jesus rief die zwölf Jünger zu sich, gab ihnen die Macht, böse Geister* auszutreiben, und sandte sie zu zweien aus. ⁸Er befahl ihnen: «Nehmt nichts mit auf den Weg außer einem Wanderstock; kein Brot, keine Tasche und auch kein Geld. ⁹Zieht Sandalen an und nehmt an Kleidung nicht mehr mit, als ihr auf dem Leib tragt. ¹⁰Wenn jemand euch aufnimmt, dann bleibt in seinem Haus, bis ihr von da weiterzieht. ¹¹Wenn ihr in einen Ort kommt, wo die Leute euch

nicht aufnehmen und nicht anhören wollen, dann zieht weiter und schüttelt den Staub von den Füßen, damit sie gewarnt sind.» ¹²So zogen sie durchs Land und forderten die Menschen auf, ihr Leben zu ändern. ¹³Sie trieben viele böse Geister aus, salbten viele Kranke mit Öl und heilten sie.

Der Täufer Johannes wird hingerichtet

¹⁴Inzwischen hatte auch König Herodes von Jesus gehört; denn überall redete man von ihm. Die einen sagten: «Der Täufer Johannes ist wieder lebendig geworden, darum kann er solche Taten tun.» ¹⁵Andere meinten, er sei Elija, wieder andere hielten ihn für einen der großen Propheten. ¹⁶Herodes aber war überzeugt, daß er der Täufer Johannes sei. «Es ist der, dem ich den Kopf abschlagen ließ», sagte er, «und jetzt lebt er wieder.»

¹⁷Herodes hatte nämlich Johannes festnehmen und ins Gefängnis werfen lassen. Der Grund dafür war: Herodes hatte die Frau seines Bruders Philippus, Herodias, weggenommen und geheiratet. ¹⁸Johannes hatte ihm daraufhin wiederholt vorgehalten: «Es war dir nicht erlaubt, die Frau deines Bruders zu heiraten.» ¹⁹Herodias war wütend auf Johannes und wollte ihn töten, hatte aber nicht die Macht dazu. ²⁰Denn Herodes wußte, daß Johannes ein frommer und heiliger Mann war; darum wagte er nicht, ihn anzutasten. Er hielt ihn zwar in Haft, ließ sich aber gerne etwas von ihm sagen, auch wenn er durch das Zuhören jedesmal in große Verlegenheit geriet.

²¹Aber dann kam für Herodias die günstige Gelegenheit. Herodes hatte Geburtstag und gab ein Fest für alle hohen Regierungsbeamten, die Offiziere und die angesehensten Bürger von Galiläa. ²²Dabei trat die Tochter der Herodias als Tänzerin auf. Das gefiel allen so gut, daß der König zu dem Mädchen sagte: «Wünsche dir, was du willst; du wirst es bekommen.» ²³Er legte sogar noch einen Eid ab: «Ich will dir alles geben, was du willst, und wenn es mein halbes Königreich wäre!» ²⁴Da ging das Mädchen zu seiner Mutter und fragte, was es sich wünschen solle. Die Mutter sagte: «Den Kopf des Täufers Johannes.» ²⁵Schnell ging das Mädchen wieder zu Herodes und trug seine Bitte vor. «Ich will, daß du mir jetzt sofort den Kopf des Täufers Johannes auf einem Teller überreichst!» ²⁶Der König wurde traurig, aber weil er ihr vor allen Gästen das Versprechen gegeben hatte, wollte er die Bitte nicht abschlagen. ²⁷Er schickte den Henker und befahl ihm, den Kopf des Johannes zu bringen. Der Henker ging ins Gefängnis und enthauptete Johannes. ²⁸Dann brachte er den Kopf auf einem Teller herein und überreichte ihn dem Mädchen, das ihn an seine Mutter weitergab.

²⁹Als die Jünger des Johannes davon hörten, holten sie den Toten und begruben ihn.

Jesus gibt fünftausend Menschen zu essen

³⁰Die Apostel* kehrten zu Jesus zurück und berichteten ihm, was sie in seinem Auftrag getan und verkündet hatten. ³¹Jesus sagte zu ihnen: «Kommt, wir su-

chen uns einen ruhigen Platz, wo wir allein sind und ihr euch ausruhen könnt.» Denn es war ein ständiges Kommen und Gehen, so daß sie nicht einmal Zeit zum Essen hatten. ³²Sie stiegen in ein Boot und fuhren an eine einsame Stelle. ³³Aber viele sahen sie abfahren und erkannten sie. So kam es, daß die Leute aus allen Orten vorausliefen und Jesus und seine Jünger an der Landestelle erwarteten.

³⁴Als Jesus aus dem Boot stieg, sah er die vielen Menschen. Sie taten ihm leid, denn sie kamen ihm vor wie Schafe, die keinen Hirten haben. Darum sprach er lange zu ihnen. ³⁵Als es Abend wurde, kamen die Jünger zu Jesus und sagten: «Es ist schon spät, und die Gegend hier ist einsam. ³⁶Darum schick die Leute in die Dörfer und auf die Höfe ringsum, damit sie sich etwas zu essen kaufen.» ³⁷«Warum?» erwiderte Jesus. «Gebt doch ihr ihnen zu essen!» Sie wandten ein: «Dann müßten wir ja für zweihundert Silberstücke* Brot einkaufen!» ³⁸Aber Jesus befahl ihnen: «Seht nach, wieviele Brote ihr hier habt!» Sie taten es und berichteten: «Fünf Brote sind da und zwei Fische.»

³⁹Jesus ordnete an, sie sollten die Leute in Gruppen einteilen und sie auffordern, sich ins Gras zu setzen. ⁴⁰So lagerten sich die Leute in Gruppen zu hundert und zu fünfzig. ⁴¹Dann nahm Jesus die fünf Brote und die zwei Fische, sah zum Himmel auf und dankte Gott dafür. Er brach die Brote in Stücke, gab sie den Jüngern, und die verteilten sie. Dann teilte er auch die beiden Fische aus. ⁴²Alle bekamen genug zu essen. ⁴³Die Jünger füllten sogar noch zwölf Körbe mit dem,

was von den Broten und den Fischen übrigblieb. ⁴⁴ Etwa fünftausend Männer hatten an der Mahlzeit teilgenommen.

Jesus geht über das Wasser

⁴⁵ Gleich darauf schickte Jesus seine Jünger im Boot nach Betsaida ans andere Seeufer voraus. Er ließ die Leute nach Hause gehen ⁴⁶ und stieg dann auf einen Berg, um zu beten. ⁴⁷ Als es dunkel wurde, war Jesus allein an Land und das Boot weit draußen auf dem See. ⁴⁸ Er sah, daß seine Jünger beim Rudern nur mühsam vorwärts kamen, weil sie gegen den Wind ankämpfen mußten. Gegen Morgen kam Jesus auf dem Wasser zu ihnen und wollte an ihnen vorbeigehen. ⁴⁹ Als die Jünger ihn auf dem Wasser gehen sahen, meinten sie, es sei ein Gespenst, und schrien auf. ⁵⁰ Denn sie sahen ihn alle und zitterten vor Angst. Sofort sprach er sie an: «Habt keine Angst! Ich bin's, beruhigt euch!» ⁵¹ Dann stieg er zu ihnen ins Boot, und der Wind legte sich. Da gerieten sie vor Entsetzen ganz außer sich. ⁵² Denn sie waren auch durch das Wunder mit den Broten noch nicht zur Einsicht gekommen; sie begriffen einfach nichts.

Jesus heilt Kranke in Gennesaret

⁵³ Sie überquerten den See und landeten bei Gennesaret. ⁵⁴ Die Bewohner dieser Gegend erkannten Jesus sogleich, als er aus dem Boot stieg. ⁵⁵ Sie gingen ins

ganze Gebiet und brachten die Kranken auf ihren Matten immer dorthin, wo Jesus hinkommen sollte. ⁵⁶ Wohin er auch kam, in Städte oder Dörfer, dorthin brachten sie die Kranken und legten sie auf die Marktplätze. Die Kranken fragten ihn, ob sie nicht wenigstens den Saum seines Gewandes berühren dürften; und alle, die das taten, wurden gesund.

Über rein und unrein

7 Die Pharisäer* und einige Gesetzeslehrer*, die aus Jerusalem gekommen waren, trafen eines Tages mit Jesus zusammen. ²Sie bemerkten, daß einige seiner Jünger mit unreinen* Händen aßen, das heißt, daß sie die Hände vor dem Essen nicht nach der religiösen Vorschrift gewaschen hatten. ³ Denn die Pharisäer und auch alle anderen Juden richten sich nach den Überlieferungen der Vorfahren* und essen nur, wenn sie sich die Hände in der vorgeschriebenen Weise gewaschen haben. ⁴Auch wenn sie vom Markt kommen, essen sie nicht, bevor sie sich gereinigt haben. So befolgen sie noch eine ganze Reihe von Vorschriften über die Reinigung von Bechern, Töpfen und Kupfergeschirren. ⁵ Daher fragten die Pharisäer und Gesetzeslehrer Jesus: «Warum richten sich deine Jünger nicht nach den Vorschriften der Vorfahren, sondern essen mit unreinen Händen?»

⁶Jesus antwortete ihnen: «Der Prophet Jesaja hat treffend von euch gesprochen! Ihr seid genauso scheinheilig, wie er gesagt hat:

‹Diese Leute ehren mich mit Worten, sagt Gott,
aber mit dem Herzen sind sie fern von mir.
⁷Es ist vergeblich, daß sie mich anrufen;
denn sie lehren Gebote,
die sie sich selbst ausgedacht haben.›
⁸Gottes Gebot schiebt ihr zur Seite, aber an den Vorschriften von Menschen haltet ihr fest.»

⁹Und weiter sagte Jesus: «Wie geschickt bringt ihr es fertig, Gottes Gebote zu umgehen, damit ihr eure Vorschriften aufrechterhalten könnt! ¹⁰Mose hat bekanntlich gesagt: ‹Du sollst deinen Vater und deine Mutter ehren›, und: ‹Wer schlecht über seinen Vater und seine Mutter redet, soll getötet werden.› ¹¹Ihr dagegen behauptet: Wenn jemand zu seinem Vater oder seiner Mutter sagt: Korban* – das heißt: Was ich euch eigentlich schuldig bin, ist für Gott bestimmt –, ¹²dann braucht er seinen Eltern nicht mehr zu helfen. Ja, ihr erlaubt ihm dann nicht einmal mehr zu helfen. ¹³Ihr macht Gottes Gebot ungültig durch eure eigenen Vorschriften. Dafür gibt es noch viele andere Beispiele.»

Was macht unrein?

¹⁴Dann rief Jesus die Menge wieder zu sich und sagte: «Hört zu und begreift! ¹⁵Nicht das macht den Menschen unrein*, was er von außen in sich aufnimmt, sondern das, was aus ihm selbst kommt!» [¹⁶Wer hören kann, der soll gut zuhören!]

¹⁷Als Jesus sich vor der Menge in ein Haus zurückgezogen hatte, fragten ihn seine Jünger, wie er das ge-

meint habe. ¹⁸ Er antwortete: «Seid ihr denn auch so verständnislos? Begreift ihr denn nicht? Das, was der Mensch von außen in sich aufnimmt, kann ihn nicht unrein machen, ¹⁹ weil es nicht in sein Herz, sondern nur in den Magen gelangt und dann vom Körper wieder ausgeschieden wird.» Damit erklärte Jesus, daß alle Speisen vor Gott rein sind. ²⁰ «Aber das», fuhr er fort, «was aus dem Menschen selbst kommt, macht ihn unrein. ²¹ Denn aus ihm selbst, aus seinem Herzen, kommen die bösen Gedanken; die verleiten ihn zu Unzucht, Diebstahl, Mord, ²² Ehebruch, Habsucht und anderen schlimmen Dingen wie Betrug, Lüsternheit, Neid, Verleumdung, Überheblichkeit und Unvernunft. ²³ All das kommt aus dem Innern des Menschen und macht ihn unrein.»

Das Vertrauen einer nichtjüdischen Frau

²⁴ Dann ging Jesus ins Gebiet von Tyrus, und weil er unerkannt bleiben wollte, ging er in ein Haus. Aber man hatte ihn schon erkannt. ²⁵/²⁶ Bald kam eine Frau zu ihm, die von ihm gehört hatte; ihre Tochter war von einem bösen Geist* besessen. Die Frau war keine Jüdin, sondern in dieser Gegend zu Hause. Sie warf sich vor Jesus nieder und bat ihn, den bösen Geist aus ihrer Tochter auszutreiben. ²⁷ Aber Jesus sagte zu ihr: «Zuerst müssen die Kinder satt werden. Es ist nicht recht, ihnen das Brot wegzunehmen und es den Hunden vorzuwerfen.» ²⁸ «Gewiß, Herr», wandte sie ein, «aber die Hunde bekommen doch wenigstens die Brotkrumen, die die Kinder unter den Tisch fallen

lassen.» ²⁹Jesus sagte zu ihr: «Damit hast du mich überzeugt. Ich will dir helfen. Geh nach Hause; der böse Geist hat deine Tochter verlassen.» ³⁰Die Frau ging nach Hause und fand ihr Kind gesund auf dem Bett liegen; der böse Geist war fort.

Jesus heilt einen Taubstummen

³¹Aus der Gegend von Tyrus zog Jesus durch Sidon zum See Gennesaret mitten ins Gebiet der Zehn Städte. ³²Dort brachte man einen Taubstummen zu ihm mit der Bitte, ihm die Hände aufzulegen. ³³Jesus führte ihn ein Stück von der Menge fort und legte seine Finger in die Ohren des Kranken; dann berührte er die Zunge des Mannes mit Speichel. ³⁴Er blickte zum Himmel, stieß einen Seufzer aus und sagte zu ihm: «Effata!» Das heißt: Öffne dich! ³⁵Und im selben Augenblick konnte der Mann hören, auch seine Zunge löste sich, und er konnte richtig sprechen. ³⁶Jesus verbot den Anwesenden, es weiterzuerzählen; aber je mehr er es ihnen verbot, desto mehr wurde darüber geredet. ³⁷Die Leute waren ganz außer sich und sagten: «Er bringt alles in Ordnung: den Gehörlosen gibt er das Gehör und den Stummen die Sprache.»

Jesus gibt viertausend Menschen zu essen

8 Wieder einmal war Jesus von zahlreichen Menschen umringt. Als sie hungrig wurden, rief Jesus seine Jünger zu sich und sagte: ²«Diese Menschen tun mir leid. Seit drei Tagen sind sie hier bei mir und haben nichts zu essen. ³Ich kann sie jetzt nicht hungrig nach Hause schicken. Sie könnten unterwegs zusammenbrechen, denn sie sind zum Teil von weither gekommen.» ⁴Die Jünger gaben zu bedenken: «Wo soll man hier in der Wüste Brot bekommen, um so viele satt zu machen?» ⁵«Wieviele Brote habt ihr?» fragte Jesus, und sie sagten: «Sieben!» ⁶Da forderte er die Menschen auf, sich auf die Erde zu setzen.

Dann nahm er die sieben Brote und dankte Gott dafür. Er brach die Brote in Stücke, gab sie seinen Jüngern, und die verteilten sie an die Menge. ⁷Außerdem hatten sie ein paar kleine Fische. Jesus dankte Gott auch dafür und ließ sie ebenfalls austeilen. ⁸/⁹Alle hatten zu essen und wurden satt; es waren ungefähr viertausend Menschen. Die Jünger füllten sogar noch sieben Körbe mit dem, was übrigblieb. Dann schickte Jesus die Menschen nach Hause, ¹⁰stieg mit seinen Jüngern in ein Boot und fuhr in die Gegend von Dalmanuta.

Die Pharisäer fordern einen Beweis

¹¹Einige Pharisäer* kamen zu Jesus und fingen an, mit ihm zu diskutieren. Weil sie ihn auf die Probe stellen wollten, verlangten sie von ihm einen Beweis dafür, daß er wirklich von Gott beauftragt sei. ¹²Jesus wurde zornig und sagte: «Wieso verlangen diese Leute einen Beweis? Ich sage euch, sie und ihresgleichen werden ganz gewiß keinen bekommen!» ¹³Damit ließ er sie stehen, stieg wieder ins Boot und fuhr ans andere Seeufer.

Jesus tadelt die Jünger

¹⁴ Die Jünger hatten vergessen, Brot zu besorgen; nur ein einziges hatten sie bei sich im Boot. ¹⁵ Jesus warnte sie: «Nehmt euch in acht vor dem Sauerteig der Pharisäer* und vor dem Sauerteig des Herodes!» ¹⁶ Die Jünger bezogen das auf ihr Versäumnis. ¹⁷ Jesus aber kannte ihre Gedanken und sagte: «Was macht ihr euch Sorgen darüber, daß ihr kein Brot habt? Versteht ihr denn immer noch nichts? Seid ihr so schwer von Begriff? ¹⁸ Ihr habt doch Augen und Ohren, warum seht und hört ihr nicht? Erinnert ihr euch nicht daran, ¹⁹ wie ich die fünf Brote an fünftausend Menschen verteilt habe? Wieviel Körbe mit Resten habt ihr da eingesammelt?» «Zwölf», sagten sie. ²⁰ «Und als ich die sieben Brote unter viertausend Menschen verteilt habe, wieviel Körbe mit Resten waren es damals?» «Sieben», antworteten sie; ²¹ und Jesus sagte: «Begreift ihr denn immer noch nichts?»

Jesus heilt einen Blinden

²² Als sie nach Betsaida kamen, brachten die Leute einen Blinden und baten Jesus, dem Mann zu helfen. ²³ Jesus nahm ihn bei der Hand und führte ihn aus dem Ort hinaus. Er berührte seine Augen mit Speichel, legte ihm die Hände auf und fragte: «Kannst du etwas erkennen?» ²⁴ Der Blinde blickte auf und sagte: «Ja, ich sehe Menschen, aber sie sehen aus wie Bäume, die sich bewegen.» ²⁵ Noch einmal legte ihm Jesus die Hände auf die Augen, da sah er deutlich. Er war

wieder gesund und konnte alles klar erkennen. ²⁶Jesus befahl ihm: «Geh nicht erst nach Betsaida hinein, sondern geh gleich nach Hause!»

Das Bekenntnis des Petrus

²⁷Jesus zog mit seinen Jüngern weiter in die Dörfer bei Cäsarea Philippi. Unterwegs fragte er seine Jünger: «Für wen halten mich die Leute eigentlich?» ²⁸Sie gaben zur Antwort: «Einige halten dich für den Täufer Johannes, andere für Elija, und wieder andere meinen, du seist einer der Propheten.» ²⁹«Und ihr», wollte Jesus wissen, «für wen haltet ihr mich?» Da sagte Petrus: «Du bist Christus*, der versprochene Retter!» ³⁰Aber Jesus schärfte ihnen ein, mit niemand darüber zu reden.

Erste Todesankündigung

³¹Daraufhin erklärte Jesus den Jüngern zum erstenmal, was ihm bevorstand: «Der Menschensohn* wird viel leiden müssen. Die Ratsältesten*, die führenden Priester* und die Gesetzeslehrer* werden ihn verurteilen. Man wird ihn töten, und nach drei Tagen wird er auferstehen.»

³²Jesus sagte das ganz offen. Da nahm Petrus ihn beiseite und machte ihm Vorhaltungen. ³³Aber Jesus drehte sich um und wies Petrus vor allen Jüngern zurecht: «Geh weg, du Satan! Du denkst nicht, wie Gott denkt, sondern wie Menschen denken.»

Jesus das Kreuz nachtragen

³⁴ Dann rief Jesus die ganze Menschenmenge hinzu und sagte: «Wer mit mir kommen will, der darf nicht mehr an sich selbst denken. Er muß sein Kreuz auf sich nehmen und mir auf meinem Weg folgen. ³⁵ Denn wer sein Leben retten will, wird es verlieren. Aber wer sein Leben für mich und für die Gute Nachricht verliert, wird es retten. ³⁶ Was hat ein Mensch davon, wenn er die ganze Welt gewinnt, aber zuletzt sein Leben verliert? ³⁷ Ein verlorenes Leben kann man durch nichts zurückkaufen. ³⁸ Die Menschen, unter denen ihr lebt, haben Gott den Rücken gekehrt. Wer sich ihnen gegenüber nicht zu mir und meiner Botschaft bekennt, von dem wird auch der Menschensohn* nichts wissen wollen, wenn er herrlich wie sein Vater mit den heiligen Engeln wiederkommen wird.»

9 Jesus fügte hinzu: «Ihr könnt euch darauf verlassen, einige von euch, die jetzt hier stehen, werden noch am Leben sein, wenn Gott für alle sichtbar seine Herrschaft* aufrichtet.»

Die Jünger sehen Jesu Herrlichkeit

² Sechs Tage später nahm Jesus die drei Jünger Petrus, Jakobus und Johannes mit sich und führte sie auf einen hohen Berg. Sonst war niemand bei ihnen. Vor den Augen der Jünger ging mit Jesus eine Verwandlung vor. ³ Seine Kleider wurden so leuchtend weiß, wie man es auf der Erde gar nicht machen kann. ⁴ Auf einmal sahen sie Elija und Mose bei Jesus stehen und

mit ihm reden. ⁵Da sagte Petrus zu Jesus: «Wie gut, daß wir hier sind! Wir wollen drei Zelte aufschlagen, eins für dich, eins für Mose und eins für Elija.» ⁶Er wußte aber nicht, was er sagte, denn er und die beiden anderen waren vor Schreck ganz durcheinander. ⁷Da kam eine Wolke und warf ihren Schatten über sie. Eine Stimme aus der Wolke sagte: «Dies ist mein Sohn*, den ich mir erwählt habe; auf ihn sollt ihr hören!» ⁸Als sie sich umsahen, waren sie plötzlich mit Jesus allein.

⁹Während sie den Berg hinunterstiegen, befahl ihnen Jesus: «Sprecht mit niemand über das, was ihr gesehen habt, bis der Menschensohn* vom Tod auferstanden ist!» ¹⁰Sie griffen dieses Wort auf und fingen an zu erörtern, was denn das heiße, vom Tod auferstehen. ¹¹Dann fragten sie Jesus: «Warum behaupten die Gesetzeslehrer*, daß erst noch Elija wiederkommen muß?» ¹²Jesus sagte: «Elija kommt tatsächlich zuerst, um alles Verkehrte wieder in Ordnung zu bringen. Aber warum heißt es in den heiligen Schriften*, daß der Menschensohn viel leiden muß und verspottet wird? ¹³Ich sage euch, Elija ist schon gekommen, und sie haben mit ihm gemacht, was sie wollten. So steht es ja auch über ihn geschrieben.»

Jesus heilt ein epileptisches Kind

¹⁴Als sie zu den anderen Jüngern zurückkamen, war dort eine große Menschenmenge; in der Mitte standen einige Gesetzeslehrer*, die sich mit den Jüngern stritten. ¹⁵Als die Menschen Jesus sahen, gerieten sie

in Aufregung, eilten zu ihm hin und begrüßten ihn. ¹⁶Jesus fragte die Jünger: «Worüber streitet ihr euch mit den Gesetzeslehrern?» ¹⁷Ein Mann aus der Menge wandte sich an Jesus: «Ich habe meinen Sohn zu dir gebracht; er ist von einem bösen Geist* besessen, darum kann er nicht sprechen. ¹⁸Immer, wenn dieser Geist ihn packt, zerrt er ihn hin und her. Schaum steht dann vor seinem Mund, er knirscht mit den Zähnen, und sein ganzer Körper wird steif. Ich habe deine Jünger gebeten, den bösen Geist auszutreiben, aber sie konnten es nicht.»

¹⁹Da brach Jesus in die Worte aus: «Ihr habt kein Vertrauen! Wie lange soll ich noch bei euch aushalten und euch ertragen? Bringt den Jungen her!» ²⁰Sie brachten ihn. Sobald der böse Geist Jesus erblickte, riß er das Kind zu Boden, so daß es sich mit Schaum vor dem Mund hin- und herwälzte. ²¹«Wie lange hat er das schon?» fragte Jesus. «Von klein auf», sagte der Vater. ²²«Oft wäre er fast ums Leben gekommen, weil der böse Geist ihn ins Feuer oder ins Wasser warf. Hab Erbarmen mit uns und hilf uns, wenn du kannst!» ²³«Was heißt hier: ‹Wenn du kannst›?» sagte Jesus. «Wenn du nur Vertrauen hast, ist alles möglich.» ²⁴Da sagte der Vater weinend: «Ich vertraue dir ja, aber es fällt mir schwer. Nimm mir die Zweifel weg!»

²⁵Da immer mehr Leute zusammenliefen, bedrohte Jesus den bösen Geist: «Du stummer und tauber Geist, ich befehle dir: Verlaß dieses Kind und rühre es nie wieder an!» ²⁶Der Geist schüttelte den Jungen hin und her und fuhr mit einem furchtbaren Schrei aus.

Der Junge lag wie leblos am Boden, so daß die Leute schon sagten: «Er ist tot.» ²⁷Aber Jesus nahm ihn bei der Hand und richtete ihn auf, da stand er auf.

²⁸Als Jesus später im Haus war, fragten ihn seine Jünger: «Warum konnten wir den bösen Geist nicht austreiben?» ²⁹Da sagte Jesus: «Nur durch Gebet kann man solche Geister austreiben.»

Zweite Todesankündigung

³⁰Sie gingen von dort weiter und durchzogen Galiläa. Jesus wollte nicht, daß jemand davon wußte. ³¹Er bereitete seine Jünger auf die kommende Zeit vor: «Der Menschensohn* wird den Menschen ausgeliefert werden. Sie werden ihn töten, und nach drei Tagen wird er auferstehen.» ³²Die Jünger verstanden nicht, was Jesus damit sagen wollte; aber sie scheuten sich, ihn zu fragen.

Wer ist der Größte?

³³Sie kamen nach Kafarnaum, und als sie im Haus waren, fragte Jesus seine Jünger: «Worüber habt ihr euch denn unterwegs gestritten?» ³⁴Sie schwiegen, denn sie hatten sich gestritten, wer von ihnen wohl der Bedeutendste wäre. ³⁵Da setzte Jesus sich hin, rief alle zwölf zu sich und sagte: «Wer der Erste sein will, der muß sich allen anderen unterordnen und ihnen dienen.» ³⁶Jesus winkte ein Kind heran, stellte es in ihre Mitte, nahm es in seine Arme und sagte: ³⁷«Wer in meinem Namen solch ein Kind aufnimmt, der nimmt mich auf. Und wer mich aufnimmt, der nimmt

nicht nur mich auf, sondern gleichzeitig den, der mich gesandt hat.»

Wer nicht gegen uns ist, ist für uns

³⁸ Johannes sagte zu Jesus: «Wir haben da einen Mann gesehen, der hat deinen Namen dazu benutzt, böse Geister* auszutreiben. Wir haben es ihm verboten, denn er gehört ja nicht zu uns.» ³⁹ «Laßt ihn doch», sagte Jesus; «denn wer meinen Namen gebraucht, um Wunder zu tun, kann nicht im nächsten Augenblick schlecht von mir reden. ⁴⁰ Wer nicht gegen uns ist, der ist für uns! ⁴¹ Ich sage euch, wer euch einen Schluck Wasser zu trinken gibt, weil ihr meine Jünger seid, der wird dafür belohnt werden.»

Warnung vor Überheblichkeit

⁴² «Wer aber in einem Menschen das kindliche Vertrauen zu mir zerstört, der käme noch gut weg, wenn man ihn mit einem Mühlstein um den Hals ins Meer werfen würde. ⁴³/⁴⁴ Wenn dich deine Hand zum Bösen verführt, dann hau sie ab. Es ist besser für dich, mit nur einer Hand bei Gott zu leben, als mit beiden Händen in die Hölle zu kommen, wo das Feuer nicht ausgeht. ⁴⁵/⁴⁶ Oder wenn dich dein Fuß zum Bösen verführt, dann hau ihn ab; denn es ist besser für dich, mit nur einem Fuß ewig zu leben, als mit beiden Füßen in die Hölle geworfen zu werden. ⁴⁷ Und wenn dich dein Auge verführt, dann reiß es aus, denn es ist besser für dich, mit nur einem Auge in die neue Welt Gottes zu kommen, als mit beiden Augen in die Hölle zu fahren,

⁴⁸wo die Qual nicht aufhört und das Feuer nicht ausgeht.

⁴⁹Jeder muß die Feuerprobe bestehen. ⁵⁰Salz ist etwas Gutes; wenn es aber seine Kraft verliert, wie soll es sie wiederbekommen? Zeigt in eurem Leben Wirkungen, wie sie vom Salz ausgehen. Haltet untereinander Frieden.»

Über die Ehescheidung

10 Dann zog Jesus von Kafarnaum weiter nach Judäa und in das Gebiet auf der anderen Seite des Jordans. Auch dort sammelten sich viele Menschen, und wie immer sprach er zu ihnen. ²Da kamen einige Pharisäer* und versuchten, ihm eine Falle zu stellen. Sie fragten ihn: «Ist es erlaubt, die Ehe zu scheiden?» ³Jesus antwortete mit einer Gegenfrage: «Was hat euch Mose denn für ein Gesetz gegeben?» ⁴Sie erwiderten: «Nach dem Gesetz* des Mose kann ein Mann seiner Frau eine Scheidungsurkunde* ausstellen und sie dann wegschicken.» ⁵Da sagte Jesus: «Mose hat euch die Ehescheidung nur zugestanden, weil ihr so hartherzig seid. ⁶Aber Gott hat am Anfang Mann und Frau geschaffen. ⁷‹Deshalb›, heißt es in den heiligen Schriften*, ‹wird der Mann Vater und Mutter verlassen, um mit seiner Frau zu leben. ⁸Die zwei sind dann ein Leib.› Sie sind also nicht mehr zwei, sondern eins. ⁹Und was Gott zusammengefügt hat, sollen Menschen nicht scheiden.»

¹⁰Als sie wieder im Haus waren, fragten ihn seine Jünger noch einmal danach, ¹¹und Jesus sagte zu ih-

nen: «Wer sich von seiner Frau trennt und eine andere heiratet, begeht Ehebruch gegenüber seiner ersten Frau. ¹²Und auch umgekehrt: eine Frau, die sich von ihrem Mann trennt und einen anderen heiratet, begeht Ehebruch.»

Jesus und die Kinder

¹³Einige Leute brachten ihre Kinder zu Jesus, damit er ihnen die Hände auflegte, aber die Jünger wiesen sie ab. ¹⁴Als Jesus es bemerkte, wurde er zornig und sagte zu seinen Jüngern: «Laßt die Kinder doch zu mir kommen und hindert sie nicht, denn gerade für Menschen wie sie steht die neue Welt Gottes offen. ¹⁵Täuscht euch nicht: wer sich der Liebe Gottes nicht wie ein Kind öffnet, wird sie nicht erfahren.» ¹⁶Dann nahm er die Kinder in die Arme, legte ihnen die Hände auf und segnete sie.

Die Gefahr des Reichtums

¹⁷Als Jesus weitergehen wollte, kam ein Mann zu ihm gelaufen, kniete vor ihm hin und fragte: «Guter Lehrer, was muß ich tun, um das ewige Leben zu bekommen?» ¹⁸«Warum nennst du mich gut?» sagte Jesus. «Nur einer ist gut, Gott! ¹⁹Du kennst doch seine Gebote: Du sollst nicht töten, nicht die Ehe brechen, nicht stehlen, nicht lügen, nicht betrügen, du sollst deinen Vater und deine Mutter ehren!» ²⁰«Diese Gebote habe ich von Jugend an alle befolgt», erwiderte

der Mann. ²¹Jesus sah ihn voller Liebe an und sagte: «Eins fehlt dir noch: Verkaufe alles, was du hast, und gib das Geld den Armen, so wirst du bei Gott einen unverlierbaren Reichtum haben. Und dann komm mit mir!» ²²Als der Mann das hörte, war er enttäuscht und ging traurig weg, denn er war sehr reich.

²³Jesus drehte sich zu seinen Jüngern um und sagte: «Reiche Leute haben es schwer, in die neue Welt Gottes zu kommen.» ²⁴Die Jünger erschraken über dieses Wort, aber Jesus sagte noch einmal: «Sie haben es sehr schwer hineinzukommen. ²⁵Eher kommt ein Kamel durch ein Nadelöhr als ein Reicher in Gottes neue Welt.» ²⁶Da gerieten die Jünger völlig außer sich. «Wer kann dann überhaupt gerettet werden?» fragten sie einander. ²⁷Jesus sah sie an und sagte: «Menschen können das nicht machen, aber Gott kann es. Gott kann alles.»

²⁸Da sagte Petrus zu Jesus: «Du weißt, wir haben alles liegen- und stehenlassen und sind mit dir gegangen.» ²⁹Jesus antwortete: «Ich versichere euch: Jeder, der für mich und die Gute Nachricht sein Haus, seine Geschwister, seine Eltern oder Kinder oder seinen Besitz zurückgelassen hat, ³⁰der wird all das in diesem Leben hundertfach wiederbekommen: Häuser, Geschwister, Mütter, Kinder und Vermögen, sogar mitten unter Verfolgungen. Und in der kommenden Welt wird er das ewige Leben haben. ³¹Aber viele, die jetzt vorn sind, werden dann am Schluß stehen, und viele, die jetzt die Letzten sind, werden schließlich die Ersten sein.»

Dritte Todesankündigung

³²Sie waren auf dem Weg nach Jerusalem; Jesus ging ihnen voran. Seine Begleiter wunderten sich über ihn, die Jünger aber packte die Angst. Wieder nahm Jesus die Zwölf beiseite und sagte ihnen, was bald mit ihm geschehen werde: ³³«Hört zu! Wir gehen jetzt nach Jerusalem. Dort wird man den Menschensohn* den führenden Priestern* und Gesetzeslehrern* ausliefern. Sie werden ihn zum Tod verurteilen und den Fremden übergeben, die Gott nicht kennen. ³⁴Die werden ihren Spott mit ihm treiben, ihn anspucken, auspeitschen und töten; und nach drei Tagen wird er vom Tod auferstehen.»

Nicht herrschen, sondern dienen

³⁵Da kamen Jakobus und Johannes, die Söhne des Zebedäus, zu Jesus und sagten zu ihm: «Wir möchten, daß du uns einen Wunsch erfüllst!» ³⁶Jesus fragte sie: «Was wollt ihr denn von mir?» ³⁷Sie sagten: «Wir möchten, daß du uns rechts und links von dir sitzen läßt, wenn du deine Herrschaft* angetreten hast!» ³⁸Jesus sagte zu ihnen: «Ihr wißt nicht, was ihr da verlangt! Könnt ihr den Leidenskelch trinken, den ich trinken muß? Könnt ihr die Taufe auf euch nehmen, die ich auf mich nehmen muß?» ³⁹«Das können wir!» sagten sie. Jesus sagte zu ihnen: «Ihr werdet tatsächlich den gleichen Kelch trinken wie ich, und die Taufe auf euch nehmen, die mir bevorsteht. ⁴⁰Aber ich kann nicht darüber verfügen, wer rechts und links von mir

sitzen wird. Auf diesen Plätzen werden die sitzen, die Gott dafür bestimmt hat.»

⁴¹ Die anderen zehn hatten das Gespräch mitgehört und ärgerten sich über Jakobus und Johannes. ⁴² Darum rief Jesus sie zu sich und sagte: «Wie ihr wißt, tyrannisieren die Herrscher ihre Völker, und wer Macht hat, läßt es die anderen spüren. ⁴³ Aber so soll es bei euch nicht sein. Wer von euch etwas Besonderes sein will, der soll den anderen dienen, ⁴⁴ und wer von euch an der Spitze stehen will, soll sich allen unterordnen. ⁴⁵ Auch der Menschensohn* ist nicht gekommen, um sich bedienen zu lassen, sondern um zu dienen und sein Leben als Lösegeld für alle Menschen hinzugeben.»

Jesus heilt einen Blinden

⁴⁶ Sie hatten Jericho erreicht. Als Jesus die Stadt mit seinen Jüngern und einer großen Menschenmenge wieder verlassen wollte, saß ein Blinder am Straßenrand und bettelte. Es war Bartimäus, der Sohn des Timäus. ⁴⁷ Als er hörte, daß Jesus von Nazaret vorbeikam, fing er an laut zu rufen: «Jesus, Sohn Davids*! Hab Mitleid mit mir!» ⁴⁸ Die Leute wollten ihn zum Schweigen bringen, aber er schrie noch lauter: «Sohn Davids, hab Mitleid mit mir!» ⁴⁹ Da blieb Jesus stehen und sagte: «Ruft ihn her!» Sie gingen hin und sagten zu ihm: «Freu dich, Jesus ruft dich; steh auf!» ⁵⁰ Da sprang der Blinde auf, warf seinen Mantel ab und kam zu Jesus. ⁵¹ «Was soll ich für dich tun?» fragte Jesus; und der Blinde sagte: «Herr, ich möchte sehen

können!» ⁵²Jesus antwortete: «Geh nur, dein Vertrauen hat dich gerettet.» Im gleichen Augenblick konnte er sehen und folgte Jesus auf seinem Weg.

Jesus zieht in Jerusalem ein

11 Kurz vor Jerusalem kamen sie in die Nähe der Ortschaften Betfage und Betanien am Ölberg. Da schickte Jesus zwei seiner Jünger voraus und trug ihnen auf: ²«Geht in das Dorf da vorn! Dort werdet ihr gleich am Ortseingang einen jungen Esel angebunden finden, auf dem noch niemand geritten ist. Bindet ihn los und bringt ihn her. ³Und wenn jemand fragt: ‹Was tut ihr da?›, dann antwortet: ‹Der Herr braucht ihn und wird ihn bald wieder zurückschicken.›»

⁴Die beiden gingen hin und fanden tatsächlich den jungen Esel draußen auf der Straße an einem Hoftor angebunden. Als sie ihn losmachten, ⁵sagten ein paar Leute, die dort herumstanden: «Wie kommt ihr dazu, den Esel loszubinden?» ⁶Da sagten sie, was Jesus ihnen aufgetragen hatte, und man ließ sie gewähren.

⁷Sie brachten den Esel zu Jesus, legten ihre Kleider über das Tier, und Jesus setzte sich darauf. ⁸Viele Leute breiteten ihre Kleider als Teppich auf die Straße. Andere rissen Zweige von den Büschen auf den Feldern und legten sie auf den Weg. ⁹Die Menschen, die Jesus vorausliefen und die ihm folgten, begannen laut zu rufen: «Lob sei Gott! Heil dem, der in seinem Auftrag kommt! ¹⁰Gott segne die Herrschaft* unseres Vaters David, die jetzt anbricht! Lob sei Gott in der Höhe!»

¹¹ So kam Jesus nach Jerusalem. Er ging in den Tempel und sah sich dort alles genau an. Darüber wurde es Abend, und er ging mit seinen Jüngern nach Betanien zurück.

Jesus und der Feigenbaum

¹² Am nächsten Morgen, als sie wieder von Betanien kamen, hatte Jesus Hunger. ¹³ Da sah er in einiger Entfernung einen schönen Feigenbaum und ging hin, um ein paar Feigen zu pflücken. Aber er fand nichts als Blätter, denn es war nicht die Jahreszeit für Feigen. ¹⁴ Da sagte Jesus zu dem Feigenbaum: «Von dir soll nie mehr jemand Feigen essen!» Seine Jünger hörten es.

Jesus im Tempel

¹⁵ In Jerusalem ging Jesus wieder in den Tempel und fing sofort an, die Händler und Käufer hinauszujagen. Er stieß die Tische der Geldwechsler* und die Stände der Taubenverkäufer um ¹⁶ und ließ nicht zu, daß jemand ein heiliges Gerät durch den Tempel trug. ¹⁷ Dazu sagte er ihnen: «Steht nicht in den heiligen Schriften*, daß Gott erklärt hat: ‹Mein Haus soll für alle Völker ein Haus zum Beten sein›? Ihr aber habt eine Räuberhöhle daraus gemacht!»

¹⁸ Als das die führenden Priester* und Gesetzeslehrer* hörten, suchten sie nach einer Möglichkeit, Jesus umzubringen. Sie fürchteten seinen Einfluß, denn die Volksmenge stand ganz im Bann seiner Worte. ¹⁹ Am

Abend verließen Jesus und seine Jünger wieder die Stadt.

Über das Vertrauen

[20] Früh am nächsten Morgen kamen sie wieder an dem Feigenbaum vorbei. Er war bis an die Wurzel abgestorben. [21] Da erinnerte sich Petrus und sagte zu Jesus: «Sieh, der Feigenbaum, den du verflucht hast, ist verdorrt!» [22] Jesus antwortete: «Ihr müßt nur Gott vertrauen. [23] Ihr könnt euch darauf verlassen: Wenn ihr zu diesem Berg sagt: ‹Auf, stürze dich ins Meer!› und habt keinerlei Zweifel, sondern glaubt fest, daß es geschieht, dann geschieht es auch. [24] Deshalb sage ich euch: Wenn ihr Gott um etwas bittet und darauf vertraut, daß die Bitte erfüllt wird, dann wird sie auch erfüllt. [25] Aber wenn ihr betet, dann sollt ihr euren Mitmenschen verzeihen, falls ihr etwas gegen sie habt, damit euer Vater im Himmel euch eure Verfehlungen auch vergibt. [[26] Wenn ihr anderen nicht verzeiht, wird euer Vater im Himmel euch eure Verfehlungen auch nicht vergeben.]»

Die Frage nach dem Auftraggeber

[27] Wieder in Jerusalem, ging Jesus im Tempel umher, und die führenden Priester*, die Gesetzeslehrer* und Ratsältesten* kamen zu ihm [28] und fragten: «Wer hat dir das Recht gegeben, hier so aufzutreten? Wer hat dich beauftragt?»

[29] «Ich will euch auch eine Frage stellen», antwortete Jesus. «Wenn ihr sie mir beantwortet, dann will ich

euch sagen, mit welchem Recht ich so handle. ³⁰ Sagt mir: Woher hatte der Täufer Johannes den Auftrag zu taufen? Von Gott oder von Menschen?» ³¹ Sie berieten sich: «Wenn wir sagen ‹Von Gott›, dann wird er fragen: Warum habt ihr dann dem Johannes nicht geglaubt? ³² Wenn wir dagegen sagen ‹Von Menschen›, dann haben wir die Menge gegen uns, weil sie alle überzeugt sind, daß Johannes ein Prophet war.» ³³ So sagten sie zu Jesus: «Wir wissen es nicht.» «Gut», erwiderte Jesus, «dann sage ich euch auch nicht, wer mich beauftragt hat.»

Das Gleichnis von den bösen Pächtern

12 Jesus erzählte ihnen ein Gleichnis*: «Ein Mann legte einen Weinberg an, machte einen Zaun darum, baute eine Weinpresse und errichtete einen Wachtturm. Dann verpachtete er den Weinberg und verreiste. ² Zur gegebenen Zeit schickte er einen Boten zu den Pächtern, um seinen Anteil am Ertrag des Weinbergs abholen zu lassen. ³ Die Pächter aber verprügelten den Boten und ließen ihn unverrichteter Dinge abziehen. ⁴ Der Mann schickte einen zweiten, aber auch den mißhandelten sie und schlugen ihm den Kopf blutig. ⁵ Zum drittenmal schickte er einen Boten. Den brachten sie sogar um, und so machten sie es noch mit vielen anderen. Wer auch immer geschickt wurde, der wurde mißhandelt oder umgebracht.

⁶ Schließlich blieb ihm nur noch sein eigener Sohn, an dem er hing. Den schickte er zu den Pächtern, weil er sich sagte: ‹Sie werden wenigstens vor meinem Sohn

Respekt haben.› ⁷Aber die Pächter sagten zueinander: ‹Das ist der Erbe! Wir bringen ihn um, dann gehört der Weinberg uns!› ⁸So schlugen sie ihn tot und warfen die Leiche aus dem Weinberg hinaus.

⁹Was wird nun der Besitzer des Weinbergs tun? Er wird selbst hingehen, die Pächter töten und den Weinberg anderen anvertrauen. ¹⁰Ihr habt doch gelesen, was in den heiligen Schriften* steht:

‹Der Stein, den die Maurer als unbrauchbar weggeworfen haben,
hat sich später als der wichtigste erwiesen.
¹¹Der Herr hat dieses Wunder vollbracht,
und wir haben es gesehen.›»

¹²Die führenden Priester*, Gesetzeslehrer* und Ratsältesten* merkten, daß das Gleichnis auf sie gemünzt war, und wollten Jesus festnehmen. Aber sie hatten Angst vor dem Volk. So ließen sie ihn unbehelligt und gingen weg.

Die Frage nach der Steuer

¹³Nun wurden einige Pharisäer* und Parteigänger des Herodes zu Jesus geschickt, um ihm mit einer Frage eine Falle zu stellen. ¹⁴Sie kamen zu ihm und sagten: «Lehrer, wir wissen, daß es dir nur um die Wahrheit geht. Du läßt dich nicht von Menschen beeinflussen, auch wenn sie noch so mächtig sind, sondern sagst jedem klar und deutlich, wie er nach Gottes Willen leben soll. Nun sag uns: Dürfen wir nach dem Gesetz* Gottes dem römischen Kaiser Steuern zahlen oder nicht? Sollen wir es tun oder nicht?» ¹⁵Jesus erkannte

ihre Falschheit und sagte: «Ihr wollt mir doch nur eine Falle stellen! Gebt mir eine Silbermünze*, damit ich sie ansehen kann.» ¹⁶ Sie gaben ihm eine, und er fragte: «Wessen Bild und Name ist hier aufgeprägt?» Sie antworteten: «Des Kaisers!» ¹⁷ «Also gut», sagte Jesus, «dann gebt dem Kaiser, was dem Kaiser gehört, aber gebt Gott, was Gott gehört.» Solch eine Antwort hatten sie nicht von ihm erwartet.

Werden die Toten auferstehen?

¹⁸ Dann kamen einige Sadduzäer* zu Jesus. Die Sadduzäer bestreiten, daß die Toten auferstehen. ¹⁹ «Lehrer», fragten sie ihn, «Mose hat uns die Anweisung gegeben: ‹Wenn ein verheirateter Mann kinderlos stirbt, dann muß sein Bruder stellvertretend die Witwe heiraten und dem Verstorbenen Nachkommen verschaffen.› ²⁰ Nun gab es einmal sieben Brüder. Der älteste heiratete und starb ohne Kinder. ²¹ Der zweite heiratete die Witwe, starb aber auch kinderlos. Beim dritten war es genauso. ²² Alle sieben heirateten sie und starben ohne Nachkommen. Zuletzt starb auch die Frau. ²³ Wie ist das nun: Wessen Frau ist sie nach der Auferstehung, wenn sie alle wieder zum Leben kommen? Sie war ja mit allen sieben verheiratet!»

²⁴ «Ihr seht die Sache ganz falsch», antwortete Jesus. «Ihr kennt weder die heiligen Schriften*, noch wißt ihr, was Gott kann. ²⁵ Wenn die Toten auferstehen, werden sie nicht mehr heiraten, sondern sie werden leben wie die Engel im Himmel. ²⁶ Wenn ihr aber

daran zweifelt, daß die Toten auferstehen werden, dann habt ihr offenbar nie im Buch des Mose die Geschichte vom brennenden Dornbusch gelesen. Dort steht, daß Gott zu Mose gesagt hat: ‹Ich bin der Gott Abrahams, der Gott Isaaks und der Gott Jakobs.› ²⁷Gott aber ist ein Gott der Lebenden und nicht der Toten! Ihr seid also ganz und gar im Irrtum.»

Das wichtigste Gebot

²⁸Ein Gesetzeslehrer* hatte diesem Gespräch zugehört. Er war davon beeindruckt, wie Jesus den Sadduzäern* geantwortet hatte, und so fragte er ihn: «Welches ist das wichtigste von allen Geboten des Gesetzes*?» ²⁹Jesus sagte: «Das wichtigste Gebot ist dieses: ‹Höre Israel: es gibt keinen anderen Herrn als Gott, unseren Herrn. ³⁰Du sollst ihn lieben von ganzem Herzen, von ganzer Seele, mit deinem ganzen Verstand und mit allen deinen Kräften!› ³¹Gleich danach kommt das andere Gebot: ‹Liebe deinen Mitmenschen wie dich selbst!› Es gibt kein Gebot, das wichtiger ist als diese beiden.»

³²Da sagte der Gesetzeslehrer zu Jesus: «Du hast vollkommen recht, Lehrer. Es ist so, wie du sagst. Nur einer ist Gott, und es gibt keinen Gott außer ihm. ³³Und darum sollen die Menschen Gott lieben von ganzem Herzen, von ganzer Seele, mit dem ganzen Verstand und mit aller Kraft, und ihre Mitmenschen lieben wie sich selbst. Das ist viel wichtiger, als Gott Tieropfer und alle möglichen anderen Opfer darzubringen.» ³⁴Auf diese gute Antwort hin sagte Jesus zu

ihm: «Du fängst an zu begreifen, was es heißt, sich der Herrschaft* Gottes zu unterstellen.» Von da an wagte keiner mehr, ihn zu fragen.

Davids Sohn oder Gottes Sohn?

³⁵ Bei einer Diskussion im Tempel stellte Jesus einmal die Frage: «Wie können die Gesetzeslehrer* behaupten, daß der versprochene Retter* ein Sohn Davids* ist? ³⁶ David sagte doch, erleuchtet vom heiligen Geist*:

‹Gott sprach zu meinem Herrn:
Setze dich an meine rechte Seite,
bis ich dir deine Feinde als Schemel unter die Füße lege.›

³⁷ David selbst nennt ihn also Herr – wie kann er dann sein Sohn sein?»

Jesus warnt vor den Gesetzeslehrern

³⁸ Viele Menschen hörten Jesus gerne zu. Als er wieder einmal zu ihnen redete, sagte er: «Nehmt euch in acht vor den Gesetzeslehrern*! Sie zeigen sich gern in ihren Talaren und lassen sich auf der Straße respektvoll grüßen. ³⁹ Beim Gottesdienst sitzen sie in der ersten Reihe, und bei Feierlichkeiten nehmen sie die Ehrenplätze ein. ⁴⁰ Sie sprechen lange Gebete, um einen guten Eindruck zu machen; in Wahrheit aber sind sie Betrüger, die hilflose Witwen um ihren Besitz bringen. Sie werden einmal besonders streng bestraft werden.»

Das Opfer der Witwe

⁴¹ Einmal saß Jesus im Tempel in der Nähe des Opferkastens und beobachtete, wie die Besucher des Tempels Geld hineinwarfen. Viele wohlhabende Leute gaben großzügig. ⁴² Dann kam eine arme Witwe und steckte nur zwei kleine Kupfermünzen hinein. ⁴³ Da rief Jesus seine Jünger herbei und sagte zu ihnen: «Hört gut zu! Diese Witwe hat mehr gegeben als alle anderen. ⁴⁴ Sie haben lediglich von ihrem Überfluß etwas abgegeben. Aber diese arme Witwe hat tatsächlich alles geopfert, was sie zum Leben hatte.»

Ankündigung der Tempelzerstörung

13 Als Jesus wieder aus dem Tempel ging, sagte einer seiner Jünger: «Lehrer, sieh doch nur diese gewaltigen Steine und diese prachtvollen Gebäude!» ² Da sagte Jesus: «Du bewunderst dieses riesenhafte Bauwerk? Hier wird kein Stein auf dem anderen bleiben. Alles wird bis auf den Grund zerstört werden!»

Über das Ende der Welt

³ Jesus ging auf den Ölberg und setzte sich dem Tempel gegenüber hin. Petrus, Jakobus, Johannes und Andreas traten zu ihm und fragten ihn: ⁴ «Sag uns, wann wird das geschehen? Woran können wir erkennen, daß das Ende nahe ist?»

⁵ Jesus antwortete ihnen: «Seid auf der Hut und laßt euch von niemand täuschen! ⁶ Viele werden sich für mich ausgeben und behaupten: ‹Ich bin es!› Damit

werden sie viele irreführen. ⁷Erschreckt nicht, wenn nah und fern Kriege ausbrechen. Es muß so kommen, aber das ist noch nicht das Ende. ⁸Ein Volk wird gegen das andere kämpfen, ein Staat den anderen angreifen. Es wird überall Erdbeben und Hungersnöte geben. Das ist aber erst der Anfang vom Ende – so wie der Beginn der Geburtswehen.

⁹/¹⁰Bevor das Ende kommt, muß die Gute Nachricht allen Völkern verkündet werden. Seid darauf gefaßt, daß man euch vor Gericht stellen und in den Synagogen* auspeitschen wird. Ihr werdet um meinetwillen sogar vor Machthabern und Königen stehen, um als Zeugen für mich auszusagen. ¹¹Wenn sie euch verhaften und vor Gericht stellen, so macht euch vorher keine Sorgen, was ihr sagen sollt. Sagt, was euch in jener Stunde eingegeben wird. Denn nicht ihr werdet dann reden, sondern der heilige Geist* wird aus euch sprechen. ¹²Ein Bruder wird den anderen dem Henker ausliefern und Väter ihre Kinder. Kinder werden sich gegen ihre Eltern stellen und sie töten lassen. ¹³Jeder wird euch hassen, weil ihr euch zu mir bekennt. Wer aber bis zum Ende fest bleibt, wird gerettet werden.

¹⁴Das ‹entsetzliche Scheusal›*, das euch angekündigt ist, wird an einem Ort stehen, wo es nicht stehen sollte. – Wer das liest, der überlege sich, was es bedeutet. – Wenn ihr das seht, müssen alle Bewohner Judäas in die Berge fliehen. ¹⁵Wer gerade auf dem Dach ist, soll keine Zeit damit verlieren, noch etwas unten aus dem Haus mitzunehmen. ¹⁶Wer gerade auf dem Feld

ist, soll nicht nach Hause zurücklaufen, um seinen Mantel zu holen. ¹⁷Besonders hart wird es die Frauen treffen, die gerade ein Kind erwarten oder einen Säugling stillen. ¹⁸Bittet Gott, daß es dann nicht gerade Winter ist. ¹⁹Denn was dann geschieht, wird furchtbarer sein als alles, was jemals seit Erschaffung der Welt geschehen ist und noch geschehen wird. ²⁰Wenn Gott diese Schreckenszeit nicht abgekürzt hätte, würde kein Mensch gerettet werden; aber er hat jene Tage denen zuliebe abgekürzt, die er ausgewählt hat.

²¹Wenn dann einer zu euch sagt: ‹Seht her, hier ist Christus!› oder: ‹Dort ist er!› – glaubt ihm nicht! ²²Denn falsche Christusse und falsche Propheten* werden auftreten. Sie werden sich durch Wundertaten ausweisen, um, wenn das möglich wäre, sogar die irrezumachen, die Gott ausgewählt hat. ²³Darum seid auf der Hut! Ich habe euch alles vorausgesagt.»

Der Weltrichter kommt

²⁴«Nach dieser Schreckenszeit wird sich die Sonne verfinstern, und der Mond wird nicht mehr scheinen, ²⁵die Sterne werden vom Himmel fallen, und die Ordnung des Himmels wird zusammenbrechen. ²⁶Dann kommt der Menschensohn* in den Wolken mit göttlicher Macht und Herrlichkeit, und alle werden ihn sehen. ²⁷Er wird seine Engel in alle Himmelsrichtungen ausschicken, damit sie die Menschen, die er sich ausgewählt hat, von überall her zusammenbringen.

²⁸Laßt euch vom Feigenbaum eine Lehre geben: Wenn der Saft in die Zweige schießt und der Baum

Blätter treibt, dann wißt ihr, daß der Sommer bald da ist. ²⁹ So ist es auch, wenn ihr alle diese Dinge kommen seht: Dann wißt ihr, daß das Ende unmittelbar bevorsteht. ³⁰ Glaubt mir: diese Generation wird das alles noch erleben. ³¹ Himmel und Erde werden vergehen, aber meine Worte nicht.»

Das Ende kommt überraschend

³² «Aber den Tag oder die Stunde, wann das geschehen soll, kennt niemand, auch nicht die Engel im Himmel – nicht einmal der Sohn*. Nur der Vater kennt sie. ³³ Bleibt wach und werdet nicht schläfrig! Denn ihr wißt nicht, wann der Zeitpunkt da ist.

³⁴ Es wird sein wie bei einem Mann, der verreist. Er verläßt sein Haus und weist alle Untergebenen an, ihre Arbeit in eigener Verantwortung zu tun. Dem Türhüter befiehlt er, wachsam zu sein. ³⁵ So sollt auch ihr wach bleiben, weil ihr nicht wißt, wann der Hausherr kommen wird: am Abend, um Mitternacht, beim ersten Hahnenschrei oder wenn die Sonne aufgeht. ³⁶ Wenn er überraschend kommt, sollt ihr vorbereitet sein. ³⁷ Was ich euch sage, gilt für alle: Bleibt wach!»

Pläne gegen Jesus

14 Es waren nur noch zwei Tage bis zum Passafest* und der Festwoche, während der man nur ungesäuertes Brot ißt. Die führenden Priester* und Gesetzeslehrer* suchten nach einer Möglichkeit, Jesus heimlich zu verhaften und zu töten. ² «Aber auf keinen Fall darf das während des Festes geschehen», sagten sie, «sonst gibt es einen Aufruhr im Volk.»

Eine Frau ehrt Jesus

³Jesus war in Betanien bei Simon, dem Aussätzigen*. Während des Essens kam eine Frau herein. Sie hatte ein Fläschchen mit sehr wertvollem Nardenöl. Das öffnete sie und goß Jesus das Öl über den Kopf. ⁴Einige der Anwesenden ärgerten sich darüber: «Was soll diese Verschwendung? ⁵Dieses Öl hätte man für mehr als dreihundert Silberstücke* verkaufen und das Geld den Armen geben können!» Sie machten der Frau heftige Vorwürfe. ⁶Aber Jesus sagte: «Laßt sie doch in Ruhe! Warum bringt ihr sie in Verlegenheit? Sie hat mir einen guten Dienst getan. ⁷Arme wird es immer bei euch geben, und ihr könnt ihnen jederzeit helfen, wenn ihr nur wollt. Aber mich habt ihr nicht mehr lange bei euch. ⁸Sie tat, was sie konnte: Sie hat dieses Öl auf meinen Körper gegossen, um ihn schon im voraus für das Begräbnis zu salben. ⁹Ich versichere euch: überall in der Welt, wo die Gute Nachricht verbreitet wird, wird man auch berichten, was sie getan hat, und an sie denken.»

Judas ist zum Verrat bereit

¹⁰Danach ging Judas Iskariot, einer der zwölf Jünger, zu den führenden Priestern*, um ihnen Jesus in die Hände zu spielen. ¹¹Sie freuten sich darüber und versprachen ihm Geld. Von da an suchte Judas eine günstige Gelegenheit, Jesus zu verraten.

Vorbereitungen zum Passamahl

¹²Am ersten Tag der Festwoche, während der man nur ungesäuertes* Brot ißt, als man die Lämmer für das Passamahl* schlachtete, fragten die Jünger Jesus: «Wo sollen wir für dich das Festessen vorbereiten?» ¹³Da schickte Jesus zwei von ihnen mit dem Auftrag fort: «Geht in die Stadt. Dort werdet ihr einen Mann treffen, der einen Wasserkrug trägt. ¹⁴Folgt ihm, bis er in ein Haus hineingeht, und sagt dem Hausherrn dort: ‹Unser Lehrer läßt fragen, wo er mit seinen Jüngern das Passamahl feiern kann.› ¹⁵Daraufhin wird er euch ein großes Zimmer im Obergeschoß zeigen, das mit Polstern ausgestattet ist und zur Feier bereitsteht. Dort richtet alles für uns her.» ¹⁶Die beiden gingen in die Stadt. Sie fanden alles so, wie Jesus es ihnen gesagt hatte, und bereiteten das Passamahl vor.

Das letzte Mahl

¹⁷Als es Abend geworden war, kam Jesus mit den zwölf Jüngern. ¹⁸Während der Mahlzeit sagte er: «Ich weiß genau, daß einer von euch mich verraten wird – einer, der hier mit mir ißt.» ¹⁹Die Jünger waren bestürzt, und einer nach dem anderen fragte ihn: «Du meinst doch nicht mich?» ²⁰Jesus antwortete: «Es wird einer von euch zwölf sein, der mit mir aus der gleichen Schüssel ißt. ²¹Der Menschensohn* wird zwar sterben, wie es in den heiligen Schriften* vorausgesagt ist. Aber wehe dem Mann, der den Menschensohn verrät! Er wäre besser nie geboren worden!»

²² Während der Mahlzeit nahm Jesus Brot, dankte Gott dafür, brach es in Stücke und gab es seinen Jüngern mit den Worten: «Nehmt, das ist mein Leib!» ²³ Dann nahm er den Becher, sprach das Dankgebet und gab ihnen auch den, und alle tranken daraus. ²⁴ Dabei sagte er zu ihnen: «Das ist mein Blut, das für alle Menschen vergossen wird. Gott besiegelt mit ihm seinen Bund*. ²⁵ Ich sage euch: ich werde von jetzt an keinen Wein mehr trinken, bis ich ihn neu trinken werde, wenn Gott sein Werk vollendet hat.»

²⁶ Dann sangen sie das Danklied und gingen hinaus zum Ölberg.

Jesus und Petrus

²⁷ Unterwegs sagte Jesus zu ihnen: «Ihr werdet alle an mir irre werden, denn es heißt: ‹Ich werde den Hirten töten, und die Herde wird auseinanderlaufen.› ²⁸ Aber nach meiner Auferstehung werde ich euch vorausgehen nach Galiläa.» ²⁹ Petrus widersprach ihm: «Selbst wenn alle anderen an dir irre werden – ich nicht!» ³⁰ «Täusche dich nicht!» antwortete Jesus. «Bevor der Hahn heute nacht zweimal kräht, wirst du dreimal behaupten, daß du mich nicht kennst.» ³¹ Da sagte Petrus noch bestimmter: «Das werde ich niemals tun, und wenn ich mit dir zusammen sterben müßte!» Das gleiche sagten auch alle anderen.

In Getsemani

³² Sie kamen an eine einsame Stelle, die Getsemani* hieß. Dort sagte Jesus zu seinen Jüngern: «Setzt euch

hier, bis ich gebetet habe.» ³³ Petrus, Jakobus und Johannes nahm er mit. Furcht und Zittern befielen ihn, ³⁴ und er sagte: «Auf mir liegt eine Last, die mich fast erdrückt. Bleibt hier und wacht!» ³⁵ Dann ging er noch ein paar Schritte weiter, warf sich auf die Erde und bat Gott: «Wenn es möglich ist, laß diese Leidensstunde vorübergehen! ³⁶ Mein Vater, du kannst alles! Erspare mir diesen Leidenskelch! Aber es soll geschehen, was du willst, nicht was ich will.»

³⁷ Dann kehrte er zurück und sah, daß die drei eingeschlafen waren. Da sagte er zu Petrus: «Simon, schläfst du? Kannst du nicht einmal eine einzige Stunde wach bleiben?» ³⁸ Dann sagte er zu ihnen: «Bleibt wach und betet, damit ihr in der kommenden Prüfung nicht versagt. Den guten Willen habt ihr, aber ihr seid nur schwache Menschen.»

³⁹ Noch einmal ging Jesus weg und betete mit den gleichen Worten. ⁴⁰ Als er zurückkam, schliefen sie wieder. Sie konnten die Augen nicht offenhalten und wußten nicht, was sie ihm antworten sollten. ⁴¹ Als Jesus das dritte Mal zurückkam, sagte er zu ihnen: «Schlaft ihr denn immer noch und ruht euch aus? Genug jetzt, es ist soweit; gleich wird der Menschensohn* den Feinden Gottes ausgeliefert. ⁴² Steht auf, wir wollen gehen. Da ist er schon, der mich verrät!»

Jesus wird festgenommen

⁴³ Noch während er das sagte, kam Judas, einer der zwölf Jünger, mit einem Trupp von Männern, die mit

Schwertern und Knüppeln bewaffnet waren. Sie waren von den führenden Priestern*, den Gesetzeslehrern* und Ratsältesten* geschickt worden. ⁴⁴Der Verräter hatte mit ihnen ein Erkennungszeichen ausgemacht: «Wem ich einen Begrüßungskuß gebe, der ist es. Den nehmt fest und führt ihn unter Bewachung ab!» ⁴⁵Judas ging sogleich auf Jesus zu, grüßte ihn und gab ihm einen Kuß. ⁴⁶Da packten sie Jesus und nahmen ihn fest.

⁴⁷Aber einer von denen, die dabeistanden, zog sein Schwert, hieb auf den Diener des Obersten Priesters* ein und schlug ihm ein Ohr ab. ⁴⁸Jesus sagte zu den Männern: «Mußtet ihr wirklich mit Schwertern und Knüppeln anrücken, um mich gefangenzunehmen? Bin ich denn ein Verbrecher? ⁴⁹Jeden Tag war ich bei euch im Tempel und habe gelehrt, da habt ihr mich nicht festgenommen. Aber die Voraussagen in den heiligen Schriften* mußten in Erfüllung gehen.» ⁵⁰Da verließen ihn alle seine Jünger und flohen.

⁵¹Ein junger Mann folgte Jesus; er war nur mit einem leichten Überwurf bekleidet. Ihn wollten sie auch festnehmen; ⁵²aber er riß sich los, ließ sein Kleidungsstück zurück und rannte nackt davon.

Jesus vor dem jüdischen Rat

⁵³Dann brachten sie Jesus zum Haus des Obersten Priesters*. Dort versammelten sich alle führenden Priester*, Ratsältesten* und Gesetzeslehrer*. ⁵⁴Petrus folgte Jesus in weitem Abstand und kam bis in den

Innenhof des Hauses. Er setzte sich zu den Wächtern und wärmte sich am Feuer.

⁵⁵ Die führenden Priester und der ganze Rat* versuchten nun, Jesus durch Zeugenaussagen zu belasten, damit sie ihn zum Tod verurteilen könnten; aber es gelang ihnen nicht. ⁵⁶ Es meldeten sich zwar viele falsche Zeugen gegen ihn, aber ihre Aussagen stimmten nicht überein. ⁵⁷ Schließlich traten ein paar Männer auf und behaupteten: ⁵⁸ «Wir haben ihn sagen hören: ‹Ich will diesen Tempel, der von Menschen gebaut wurde, niederreißen und nach drei Tagen einen anderen bauen, der nicht von Menschen gemacht ist.›» ⁵⁹ Aber auch ihre Aussagen widersprachen einander.

⁶⁰ Da stand der Oberste Priester auf, trat in die Mitte und fragte Jesus: «Hast du nichts gegen diese Anklagen vorzubringen?» ⁶¹ Aber Jesus schwieg und sagte kein Wort. Wieder fragte der Oberste Priester ihn: «Bist du der versprochene Retter*? Bist du der Sohn* Gottes?» ⁶² «Ich bin es!» sagte Jesus, «und ihr werdet sehen, wie der Menschensohn* an der rechten Seite des Allmächtigen sitzt und wie er mit den Wolken des Himmels wiederkommt.»

⁶³ Da zerriß der Oberste Priester sein Gewand und sagte: «Wir brauchen keine Zeugen mehr! ⁶⁴ Ihr habt seine Gotteslästerung gehört! Wie lautet euer Urteil?» Einstimmig erklärten sie: «Er hat den Tod verdient!» ⁶⁵ Einige begannen, Jesus anzuspucken. Sie banden ihm die Augen zu, ohrfeigten ihn und fragten: «Wer war es? Du bist doch ein Prophet!» Dann nahmen ihn die Wächter vor und schlugen ihn weiter.

Petrus verleugnet Jesus

⁶⁶ Petrus war noch immer unten im Hof. Eine Dienerin des Obersten Priesters* kam vorbei. ⁶⁷ Als sie Petrus am Feuer bemerkte, sah sie ihn scharf an und meinte: «Du warst doch auch mit dem Jesus aus Nazaret zusammen!» ⁶⁸ Petrus stritt es ab: «Ich habe keine Ahnung; ich weiß überhaupt nicht, wovon du redest!» Dann ging er hinaus in die Vorhalle. In diesem Augenblick krähte ein Hahn.

⁶⁹ Das Mädchen entdeckte Petrus dort wieder und sagte zu den Umstehenden: «Der gehört auch zu ihnen!» ⁷⁰ Aber er stritt es wieder ab. Kurz darauf fingen die Umstehenden noch einmal an: «Du kannst es doch nicht abstreiten, du bist ja auch aus Galiläa!» ⁷¹ Aber Petrus schwor: «Gott soll mich strafen, wenn ich lüge! Ich kenne den Mann nicht, von dem ihr redet.» ⁷² Da krähte der Hahn zum zweitenmal, und Petrus erinnerte sich daran, daß Jesus zu ihm gesagt hatte: «Bevor der Hahn zweimal kräht, wirst du dreimal behaupten, daß du mich nicht kennst.» Da fing er an zu weinen.

Jesus vor Pilatus

15 Früh am nächsten Morgen faßte der ganze jüdische Rat* – die führenden Priester*, die Ratsältesten* und die Gesetzeslehrer* – einen Beschluß: Sie ließen Jesus fesseln, nahmen ihn mit und übergaben ihn dem Gouverneur* Pilatus. ² Der fragte ihn: «Bist du der König der Juden?» «Ja», antwortete Jesus. ³Die führenden Priester brachten viele Beschuldigungen gegen ihn vor. ⁴Pilatus fragte ihn wieder: «Willst du dich nicht verteidigen? Du hast ja gehört, was sie dir alles vorwerfen.» ⁵Aber Jesus sagte kein einziges Wort. Darüber war Pilatus sehr erstaunt.

Das Todesurteil

⁶Es war üblich, daß Pilatus zum Passafest* einen Gefangenen begnadigte, den das Volk bestimmen durfte. ⁷Damals war nun ein Mann namens Barabbas im Gefängnis, zusammen mit Aufrührern, die während eines Aufruhrs einen Mord begangen hatten. ⁸Als die Volksmenge zu Pilatus zog und ihn um die übliche Begnadigung bat, ⁹fragte er sie: «Soll ich euch den König der Juden freigeben?» ¹⁰Denn er wußte genau, daß die führenden Priester* Jesus nur aus Neid an ihn ausgeliefert hatten.

¹¹Aber die führenden Priester redeten auf die Leute ein, sie sollten die Freilassung des Barabbas fordern. ¹²«Was soll ich dann mit dem machen, den ihr den König der Juden nennt?» fragte Pilatus. ¹³«Kreuzigen!» schrien sie. ¹⁴«Was hat er denn verbrochen?» fragte Pilatus; aber sie schrien noch lauter: «Kreuzigen!» ¹⁵Um dem Volk einen Gefallen zu tun, gab Pilatus ihnen Barabbas frei. Jesus aber ließ er auspeitschen und gab Befehl, ihn ans Kreuz zu nageln.

Die Soldaten verspotten Jesus

¹⁶Die Soldaten brachten Jesus in den Hof des Palastes und riefen die ganze Mannschaft zusammen. ¹⁷Sie

hängten ihm einen purpurfarbenen Mantel um, flochten eine Krone aus Dornenzweigen und setzten sie ihm auf. ¹⁸Dann fingen sie an, ihn zu grüßen: «Der König der Juden lebe hoch!» ¹⁹Sie schlugen ihn mit einem Stock auf den Kopf, spuckten ihn an, warfen sich vor ihm auf die Knie und huldigten ihm wie einem König. ²⁰Als die Soldaten ihn genug verspottet hatten, nahmen sie ihm den Mantel wieder ab, zogen ihm seine eigenen Kleider an und führten ihn hinaus, um ihn ans Kreuz zu nageln.

Jesus am Kreuz

²¹Unterwegs trafen sie auf einen Mann, der gerade vom Feld in die Stadt zurückkam, und zwangen ihn, das Kreuz zu tragen. Es war Simon aus Zyrene, der Vater des Alexander und des Rufus. ²²Sie brachten Jesus an die Stelle, die Golgota heißt, das bedeutet «Schädel». ²³Dort wollten sie ihm Wein mit einem betäubenden Zusatz geben; aber Jesus nahm ihn nicht.

²⁴Sie nagelten ihn ans Kreuz und verteilten untereinander seine Kleider. Durch das Los bestimmten sie, was jeder bekommen sollte. ²⁵Es war neun Uhr morgens, als sie ihn kreuzigten. ²⁶Als Grund für seine Hinrichtung hatte man auf ein Schild geschrieben: «Der König der Juden!» ²⁷Zugleich mit Jesus nagelten sie zwei Verbrecher an Kreuze, einen links und einen rechts von ihm. [²⁸So traf ein, was in den heiligen Schriften* vorausgesagt war: «Man hat ihn zu den Verbrechern gezählt.»]

²⁹Die Leute, die vorbeikamen, schüttelten höhnisch

den Kopf und beschimpften Jesus: «Ha! Wolltest du nicht den Tempel niederreißen und in drei Tagen wieder aufbauen? ³⁰Dann befreie dich doch und komm herunter vom Kreuz!» ³¹Genauso machten sich die führenden Priester* und die Gesetzeslehrer* über Jesus lustig: «Anderen hat er geholfen, aber sich selbst kann er nicht helfen! ³²Dieser Retter und König von Israel! Er soll doch vom Kreuz heruntersteigen, dann werden wir ihm glauben.» Sogar die beiden, die mit ihm gekreuzigt waren, beschimpften ihn.

Jesus stirbt

³³Von zwölf Uhr mittags bis um drei Uhr wurde es im ganzen Land dunkel. ³⁴Gegen drei Uhr schrie Jesus laut auf: «Eloi, eloi, lama sabachtani» – das heißt: Mein Gott, mein Gott, warum hast du mich verlassen? ³⁵Einige von den Leuten, die dabeistanden und es hörten, sagten: «Er ruft nach Elija.» ³⁶Einer holte schnell einen Schwamm, tauchte ihn in Essig, steckte ihn auf eine Stange und gab Jesus zu trinken. Dabei sagte er: «Nun werden wir ja sehen, ob Elija kommt und ihn herunterholt.» ³⁷Aber Jesus schrie noch einmal laut auf und starb.

³⁸Da zerriß der Vorhang vor dem Allerheiligsten* im Tempel von oben bis unten. ³⁹Der römische Offizier aber, der vor dem Kreuz stand und miterlebt hatte, wie Jesus aufschrie und starb, sagte: «Dieser Mann war wirklich Gottes Sohn*!»

⁴⁰Auch einige Frauen waren da, die alles aus der Ferne beobachteten, unter ihnen Salome, Maria aus

Magdala und Maria, die Mutter des jüngeren Jakobus und des Joses. ⁴¹ Sie hatten Jesus in Galiläa begleitet und für ihn gesorgt. Auch noch viele andere Frauen waren da, die mit ihm nach Jerusalem gekommen waren.

Das Begräbnis

⁴²/⁴³ Es war Abend geworden. Da ging Josef aus Arimatäa zu Pilatus. Er war ein hochgeachtetes Ratsmitglied* und wartete darauf, daß Gott seine Herrschaft* aufrichte. Weil es der Tag vor dem Sabbat* war, bat er Pilatus um den Leichnam Jesu. ⁴⁴ Pilatus war erstaunt zu hören, daß Jesus schon gestorben war. Er ließ sich daher von dem Offizier Bericht erstatten und fragte ihn, ob Jesus schon tot sei. ⁴⁵ Als der Offizier bejahte, überließ er Josef den Toten. ⁴⁶ Josef kaufte ein Leinentuch, nahm Jesus vom Kreuz und wickelte ihn in das Tuch. Dann legte er ihn in ein Grab, das in einen Felsen gehauen war. Zuletzt rollte er einen Stein vor den Grabeingang. ⁴⁷ Maria aus Magdala und Maria, die Mutter des Joses, sahen zu und merkten sich, wo Jesus lag.

Jesus lebt

16 Als der Sabbat* vorbei war, kauften Maria aus Magdala, Maria, die Mutter des Jakobus, und Salome wohlriechende Öle, um den Toten einzubalsamieren. ² Ganz früh am Sonntagmorgen, als die Sonne gerade aufging, kamen sie zum Grab. ³ Unterwegs hatten sie sich überlegt, wer ihnen den Stein vom

Grabeingang wegrollen könnte, ⁴denn er war sehr groß. Aber als sie hinsahen, bemerkten sie, daß der Stein schon entfernt war.

⁵Sie gingen in die Grabhöhle hinein und sahen dort auf der rechten Seite einen jungen Mann in einem weißen Gewand sitzen. Sie erschraken heftig. ⁶Er aber sagte zu ihnen: «Habt keine Angst! Ihr sucht Jesus aus Nazaret, der ans Kreuz genagelt wurde. Er ist nicht hier; Gott hat ihn vom Tod erweckt! Hier seht ihr die Stelle, wo er gelegen hat. ⁷Und nun geht und sagt seinen Jüngern und Petrus: ‹Er geht euch nach Galiläa voraus. Dort werdet ihr ihn sehen, genau, wie er es euch gesagt hat.›» ⁸Da verließen sie die Grabhöhle und flohen. Sie zitterten vor Entsetzen. Und weil sie solche Angst hatten, erzählten sie niemand etwas davon.

Ein späterer Schluß des Markus-Evangeliums

[⁹Nachdem Jesus früh am ersten Wochentag auferstanden war, zeigte er sich zuerst Maria aus Magdala, die er von sieben bösen Geistern* befreit hatte. ¹⁰Sie ging zu den trauernden und weinenden Jüngern und berichtete ihnen ihr Erlebnis. ¹¹Die Jünger hörten zwar, daß Jesus lebe und Maria ihn gesehen habe, aber sie glaubten ihr nicht.

¹²Danach zeigte sich Jesus in fremder Gestalt zwei von ihnen, die über Land gingen. ¹³Sie kehrten um und erzählten es den anderen, aber die glaubten es auch ihnen nicht.

¹⁴Schließlich zeigte sich Jesus noch den elf Jüngern,

während sie beim Essen waren. Er machte ihnen Vorwürfe, weil sie zweifelten und denen nicht glauben wollten, die ihn nach seiner Auferstehung gesehen hatten. ¹⁵ Dann sagte er zu ihnen: «Geht nun in die ganze Welt und verkündet allen die Gute Nachricht! ¹⁶ Wer glaubt und sich taufen läßt, wird gerettet. Wer nicht glaubt, den wird Gott verurteilen. ¹⁷ Die Glaubenden aber wird man an folgenden Zeichen erkennen: In meinem Namen können sie böse Geister* austreiben und in unbekannten Sprachen* reden. ¹⁸ Wenn sie Schlangen anfassen oder Gift trinken, wird ihnen das nicht schaden, und Kranke, denen sie die Hände auflegen, werden gesund.»

¹⁹ Als Jesus, der Herr, das gesagt hatte, wurde er in den Himmel aufgenommen und setzte sich an die Seite Gottes. ²⁰ Die Jünger aber gingen und verkündeten überall die Gute Nachricht. Der Herr half ihnen dabei und bestätigte ihre Worte durch die Wunder, die sie taten.]

Ein zweiter überlieferter Schluß

[⁹ Die Frauen liefen zu Petrus und den anderen, um ihnen in Kürze alles zu berichten, was ihnen aufgetragen war. ¹⁰ Danach kam Jesus selbst und gab seinen Jüngern den Auftrag, die heilige und für immer gültige Botschaft von der ewigen Rettung überall in der ganzen Welt zu verbreiten.]

Sacherklärungen

Allerheiligstes Der innerste Raum des Tempels, den nur der Oberste Priester einmal im Jahr betreten durfte.

Apostel Aus dem großen Kreis seiner Anhänger hat Jesus zwölf Männer ausgewählt. Die Zwölf-Zahl erinnert an die Zahl der Stämme Israels.

Aussatz, Aussätziger Aussatz galt als Strafe Gottes für besondere Sünden. Der Aussätzige war vom Gottesdienst, ja von der Gemeinschaft mit dem Volk Gottes ausgeschlossen.

Besessener → Geist, böser.

Christus → Retter, der versprochene.

David, Sohn Davids David war der bedeutendste israelitische König. Zur Zeit Jesu war man der Auffassung, daß der erwartete → Retter ein Nachkomme («Sohn») Davids sein und dessen Reich wiederherstellen werde.

Fasten Teilweiser oder völliger Verzicht auf Essen und Trinken als Sühne für eigene oder fremde Sünden.

Geist Gottes, heiliger Geist Durch seinen Geist ergreift Gott vom Menschen Besitz. Jesus Christus wurde in einzigartiger Weise zum Träger dieses Geistes, und er verspricht den Seinen, daß der Geist sie leiten wird.

Geist, böser Krankheiten, besonders Geisteskrankheiten führte man auf böse Geister zurück, da man darin eine gottfeindliche Macht am Werk sah. Wenn Jesus die Geister austreibt und seinen Jüngern Macht über sie gibt, so ist dies das Zeichen dafür, daß die Macht des Satans gebrochen ist.

Geldwechsler Für das Entrichten der Tempelsteuer mußte Geld in althebräische Währung umgetauscht werden.

Gesetz Für das Judentum der Inbegriff des Gotteswillens, enthalten im wesentlichen in den fünf Büchern Mose, aus denen die → Gesetzeslehrer ein ganzes System von Vorschriften entwickelten. Jesus fand durch dieses System den ursprünglichen Gotteswillen, der auf die Liebe zu Gott und zum Mitmenschen zielt, verdunkelt und trat deshalb dem Gesetz in großer Freiheit gegenüber (→ Sabbat).

Gesetzeslehrer Die jüdischen Theologen, deren Aufgabe das Studium und die Auslegung des → Gesetzes war.

Getsemani Der Name bedeutet wörtlich «Ölkelter».

Gleichnis Die Gleichnisse Jesu greifen Bilder und Ereignisse aus dem täglichen Leben auf, um dadurch zu einer bestimmten Erkenntnis zu führen.

Gouverneur Die römischen Provinzen wurden durch Prokuratoren verwaltet, denen die Rechts- und Militärhoheit zustand.

Herrschaft «Gott ist König» war das Bekenntnis Israels. Die Wirklichkeit zur Zeit Jesu schien diesem Glaubenssatz total zu widersprechen. Darum wartete man darauf, daß Gott endlich als der Herr über alle seine Feinde in Erscheinung trete. Jesus kündigte die Erfüllung dieser Sehnsucht an; aber er wandte sich zugleich entschieden gegen alle Vorstellungen von einem nationalen, irdischen Königtum. In ihm selbst ist die Herrschaft Gottes schon gegenwärtig.

Korban Durch das Aussprechen dieses Wortes konnte der erwachsene Sohn den Tempel zum Eigentümer seines ererbten Besitzes einsetzen und sich damit der Sorgepflicht den alten Eltern gegenüber entziehen. Das Bedenkliche an der Regelung war, daß er trotzdem bis zu seinem Tod das Nutznießungsrecht behielt. Das Eigentum, das mit «Korban» Gott geweiht war, durfte lediglich nicht mehr verkauft werden.

Menschensohn Jesus spricht von sich selbst als dem «Menschensohn». Nach Daniel 7,13 ist dabei an den Weltrichter zu denken. Jesus gebraucht den Ausdruck besonders dort, wo er von seinem Leiden spricht. Der Gekreuzigte ist der Herr der Welt!

Passafest, Passamahl Zur Feier des Auszugs der Israeliten aus Ägypten aß man am Festabend in häuslichen Gemeinschaften das Passalamm. Das Passafest ging unmittelbar über in das siebentägige Fest der ungesäuerten Brote, bei dem man Brot aß, das ohne Sauerteig gebacken war.

Petrus Der Name, der Simon verliehen wurde, bedeutet «Fels».

Pharisäer Mitglieder einer Laienbewegung von Männern aus verschiedenen Berufen. Nach einer Probezeit verpflichteten sie sich bei der Aufnahme in die Gemeinschaft, die Vorschriften des → Gesetzes strengstens einzuhalten.

Priester, führende Das Exekutivkomitee innerhalb des jüdischen Rates, das aus dem → Obersten Priester, dem Kommandanten der Tempelwache, einigen führenden Priestern und drei einflußreichen Laien bestand.

Priester, Oberster Er stand lebenslänglich an der Spitze der jüdischen Priesterschaft. Zugleich war er Vorsitzender des jüdischen Rates, der höchsten Religions-, Rechts- und Verwaltungsbehörde, die das jüdische Volk auch gegenüber der römischen Besatzungsmacht vertrat. Sie bestand aus 70 Mitgliedern, die sich aus Priestern, Gesetzeslehrern und Mitgliedern der angesehensten Familien (Ratsältesten) zusammensetzten.

Rat, jüdischer → Priester, Oberster.

Ratsältester → Priester, Oberster.

rein, unrein Über äußere Dinge, die den Menschen unrein machen, enthält das → Gesetz eine Fülle von Bestimmungen. Wer unrein war, durfte nicht im Tempel mit Gebet und Opfer vor Gott treten.

Retter, der versprochene Übersetzung von «Christus», hebräisch Messias (= der Gesalbte, der König). In der christlichen Gemeinde wurde der Titel bald als Eigenname Jesu verstanden.

Sabbat Der siebte Wochentag, an dem nach dem → Gesetz strenge Arbeitsruhe vorgeschrieben war. Das Sabbatgebot war zur Zeit Jesu zum Prüfstein der Gesetzestreue geworden.

Sadduzäer Jüdische Partei, der die vornehmen Priester und Vertreter der weltlichen Aristokratie angehörten. Sie verwarfen u. a. den Glauben an die Auferstehung der Toten.

SACHERKLÄRUNGEN

Scheidungsurkunde Nach jüdischem Recht konnte ein Mann seine Frau mit einer solchen Urkunde entlassen, wenn er etwas Anstößiges an ihr fand.

Scheusal Entweihung des Tempels durch den Antichrist. Die Ankündigung steht Daniel 9,27; 11,31.

Schriften, heilige Die Bücher, die heute in unserem Alten Testament zusammengefaßt sind.

Silbermünze Der durchschnittliche Tageslohn eines Arbeiters. Markus 12,15 ist eine römische Münze gemeint.

Sohn Gottes Das Judentum bezeichnete den erhofften König der Endzeit (→ Retter) auch als «Sohn Gottes».

Sprachen, unbekannte Ein vom → Geist Gottes gewirktes Reden (Apostelgeschichte 2; 1. Korinther 14).

Synagoge Versammlungsstätte jüdischer Gemeinden, in der am Sabbatvormittag ein Wortgottesdienst mit Gebet, Schriftlesung, Predigt und abschließendem Segen abgehalten wurde.

Taubenverkäufer Im Vorhof des Tempels wurden Opfertiere feilgeboten.

ungesäuert → Passafest

unrein → rein.

Vorfahren, Überlieferungen der Die strenge Gesetzesauslegung der älteren Gesetzeslehrer.

Vorsteher In Markus 5,22 der Vorsitzende des Vorsteher-Kollegiums der Synagoge.

Zeloten Sie lehnten sich aus religiösen Gründen gegen die Römer auf und suchten das messianische Reich durch gewaltsame Aktionen herbeizuzwingen.

Zolleinnehmer Die Zölle wurden an den Meistbietenden verpachtet, was zu Betrug verleitete. Den Frommen galten die Zöllner wegen des Kontakts mit den Römern außerdem als unrein (→ rein).